はじめに

暴力を批判する

「暴力」という言葉を聞いたら、どんな印象を抱[illegible]怖い、痛い、なんか嫌。「暴力反対」「暴力はよくない」って言われてきたし[illegible]ものだ。そんなよくないものは、否定しなければならない……。こんな風に[illegible]だろう。

そこで「いや待て、本当にそうだろうか？」と[illegible]この本の役目である。のちほどじっくり説明するが、暴力について考えると[illegible]状況や条件、暴力に至った理由、誰が誰に対してふるうのか、暴力とみなして[illegible]か、そもそもそれは暴力なのか、などといった問いも考えなければならない。[illegible]べての暴力が必ずしも悪であるとは限らないことがわかってくる。

このように、暴力について考えるのは、長い道のりになりそうだ。本書はその長い道のりをちょっとでも進むために、蛇行したり、ショートカットしたり、たまに後退したりしながら、ある暴力を否定し、それとは別の暴力を肯定してみたりする。いわば、この本は暴力を批判する本である。大切なことだが、「批判」は「非難」とは違う。批判（criticism）には「クライテリア（criteria）」といって「基準」という意味がある。つまり暴力の限界を明確にしたり、これまでの暴力のあり方を定義しなおしたりするということだ。

たとえば、この本のタイトル『死なないための暴力論』には、「誰かの暴力によって自分が死なないようにする」という定義も、「自分が死なないように誰かへの暴力も辞さない」という定義も含んでいる。あるいは、そもそもの「暴力」には「暴れる力」という意味も含まれている。力そのものは潜在的であれ、いつでも「なにくそ、やっちまえ」という気持ちは人間誰しも持っていたりするものだ。

申し遅れたが、私は森元斎《もりもとなお》。もはや誰からも「もとなお」とは呼ばれず、「げんさい」と呼ばれ続けて数十年。大学で哲学や思想史なんかを研究したり、教えたりしている。アナキズムが専門だ。アナキズムとは、「支配のない状態」を意味する言葉だ。権威による強制から自由になり、私たちの生を肯定していくあり方だ。そういったアナキズムには、暴力がつきものだったり、そうではなかったりする。アナキストのなかには、テロリズムに訴えて世界を変えようとする人たちがいたり、その一方で相互扶助によって助け合いながら緩やかに山奥のコミュニティで暮らしている人たちもいたりする。そんな幅の広いアナキズムを研究している私が、一筆入魂して暴力について書いているのがこの本だ。

死なないための
暴力論

森 元斎
Mori Motonao

インターナショナル新書 136

暴力の政治性、政治の暴力性

さて、暴力を批判するにあたり、最初にはっきりさせておきたいことがある。それは、暴力には政治的な力学が働くということだ。むしろ、暴力と非暴力のあいだに政治がある、と言ってもいい。

本書が書かれるきっかけとして、暴力の政治性をわかりやすく伝える三つの出来事があった。まず、安倍《あべ》晋三《しんぞう》元首相が銃撃された。選挙期間中であったこともあり、すぐさま当時の首相・岸田文雄《きしだふみお》は「暴力に屈せず、民主主義を断固として守り抜く決意示す」と言った。さて、ここで岸田が言っている「暴力」とはなんだろうか。

まず、誰が「暴力」とみなしているのかといえば、岸田であり、日本政府である。つまり上（政府）からの目線で、下（民衆）からの抵抗を「暴力」とみなしていることになる。ここにはヒエラルキー（階級）が存在する。また、山上徹也《やまがみてつや》の所業をどう判断するかは人によってさまざまだろうが、彼もまた民衆の一人であることには誰も異を唱えないだろう。マックス・ヴェーバーという有名な社会学者がこんなことを述べている。「国家とは、ある一定の領域の内部で――この「領域」という点が特徴なのだが――正当な物理的暴力行使の独占を（実効的に）要求する人間共同体である」[*1]。国家は法律の下に私たちから税金を収奪したり、警察などの機関を使って私たちの自由を制限したりするが、これは暴力をふるっているとも言えるわけだ。

政治家を攻撃する者はもちろん暴力をふるっているが、国家も常に私たち民衆に暴力をふるっている。この意味で、岸田の言う「暴力」は都合よく一面を切り取った詭弁でしかないわけだ。

さて、この一件の直後、すぐさま「暴力はいけません」という言説が広がっていった。ここからなにが考えられるだろうか。社会思想史を研究している酒井《さかい》隆史《たかし》がその名著『暴力の哲学』（河出文庫）でこう述べていた。「暴力はいけない、だから、暴力を憎むのだ、暴力をふるう者を憎むのだ、暴力をふるう者の抑止が必要だ、だから暴力もやむをえない」「現実には暴力が生じていないところに暴力が生じそうだからという理由で暴力がふるわれるという奇妙な事態があらわれてくることもよくあります[*2]」。つまり、「「暴力はいけません」という暴力」が生じたとも言えるだろう。

次に、もっと大きな規模の暴力もあった。ロシアがウクライナに侵攻した。「ロシアも悪いがウクライナも悪い」とか「反戦を考えるならば、ロシアのみならずウクライナも戦争を止めるべき」とか、そんな言葉がネット上をはじめ、そこかしこから聞こえてきた。これは大変馬鹿げている。政治力学としての問題、あるいは謎のカネがゼレンスキーに流れているといったような陰謀論については、はっきり言ってどうでもいい。ここで明らかなのは、戦争を実際に仕掛けたのはロシアであって、ウクライナではないということだ。それが事実である。ここでも「上（大国）が下（小国）を潰しにかかっている」というヒエラルキーがある。ロシアが暴力を行使し、ウクライナが暴力で対抗している。対抗しなければどうなるかといえば、虐殺やレイプの限りを尽くされてしまう。それが戦争である。

これに加え、イスラエルがパレスチナを潰しにかかっているという事態も生じている。「イスラエルも悪いがパレスチナも悪い」とか「イスラエルを批判することは反ユダヤ主義である」とか「パレスチナを批判することはテロリストを肯定することになる」などといった言葉が聞こえる。これもまた大変馬鹿げている。そもそも彼の地に入植したのはイスラエルであり、アメリカなどの強大な軍事力を背景にパレスチナの人々を殺していたのもまたイスラエルである。もちろんこの事態は欧米列強の悪辣な過去の振る舞いに起因しているものでもある。しかし、二〇世紀から現在に至るまで、イスラエルという圧倒的に強大な軍事国家が小国であるパレスチナをなぶり続けているのが現状だ。

暴力の多様性

戦争のように劇的ではなく、静かにひっそりと、緩慢に行使される暴力というものもある。それはいわゆる「構造的暴力」と呼ばれるものだ。もちろん、構造的暴力にも劇的におこなわれるものもあるが、多くは緩慢な死をもたらすもの、日常生活を営みながらも常にいたぶられるといったものだ。人種差別や性差別、経済差別なんてものを日々経験している人もいるのではないだろうか。ここにもヒエラルキーが存在しており、マジョリティ人種によるマイノリティ人種の差別、家父長制に起因する男性による女性への差別、金がある者たちによる金がない者たちへの差別などはすべて構造的暴力である。また、こんなに不景気なのに、二〇二三年に税収が過去一だった日本政府は、さらにカネ儲けを企んでいる。所得税の税率も世界のなかでもかなり高いのに、今後インボイスなるもので私たちの収入はさらに搾り取られ、タバコなどの贅沢品も値上がりしていく。その一方で、過去三〇年間の平均年収は変わらず、実質下がっている。これは国家が無策が故の、民衆への暴力である。

他にも「象徴的暴力」なんていうものもある。先の「暴力はいけません」という発言を権力者がおこなった場合、価値観の押し付けになる。自分で判断させずに、考えを強制する。これは、戦前の日本の翼賛体制が私たちに戦争を強制した例がわかりやすいだろう。そんなとき、私たちが反発すれば、すぐさま「非国民」などと呼ばれるわけだ。非国民でいいし、死にたくないだけなのだが。

さて、このような暴力に反抗するとき、それは「非暴力」や「反暴力」と呼ばれる。「非暴力」と聞いたら、真っ先にガンジーやキング牧師の偉業を思い浮かべる人がいるかもしれない。それはまったく正しい。正しいのだが、非暴力〝のみ〟で彼らは社会を変えたわけではない。本書では、非暴力と暴力が常にセットで亢進していくこと、それらの緊張関係や協力関係があることで、社会を変え得た事例を提示しよう。そこでわかってくるのは、暴力なくして社会を変えた事例はほとんどない、ということだ。もちろん非暴力のみで変わるに越したことはないし、最近は非暴力の直接行動だけで変え得たという事例を出している研究もある（しかしながら、データの取り方やイデオロギーの前提などにおおいにツッコミを入れる余地があることも本書では紹介する）。

「反暴力」とは、暴力に抗することであり、そこには暴力に抗する暴力も含意される。それは、いわば暴力をふるわざるをえない状況に追いやられたが故の暴力、正当防衛の際の暴力である。抵抗しなければやられちまうときには、こっちもやるしかないわけだ。

筆者は、こうした多様な暴力、非暴力、反暴力を検討することでこそ、暴力なき世界を構想することができると考えている。暴力を知ることは「平和」を語るために必要不可欠なことであるはずだ。

本書の構成

第一章では、暴力という概念はこれまでどのように語られてきたのか、思想史的な議論を紹介する。そのうえで本書なりに暴力を定義づける。そこから、昨今称揚されがちな非暴力というものへの批判を展開する。

第二章では、私たちを支配・搾取する「ヒエラルキーの上からの暴力」を取り上げる。上からの暴力とは、国家や資本主義といったものがふるう、圧倒的に非対称な資金力や軍事力を背景にした暴力だ。その具体例として、「ショック・ドクトリン」や「産獄複合体」などについても紹介する。かなり気分が沈む内容になるが、やられっぱなしじゃ癪に障るので、これに対する「廃絶運動」も紹介したい。これは近年のブラック・ライヴズ・マター（BLM）に至るまで継承されてきている考え方である。

第三章では、お待ちかね、国家や資本主義に対抗する「ヒエラルキーの下からの反暴力」の例を紹介する。二〇世紀初頭のイギリスにおける女性参政権獲得運動にはじまり、現代メキシコのサパティスタ民族解放軍（EZLN）、さらにシリアのロジャヴァ革命と、アナキズム的な暴力的抵抗を見ていく。暴力的抵抗といっても、暴力を好んで使っているわけではない。ここで、反暴力というものの実態がつかめるだろう。

第四章では、反暴力の前提になにがあるのかを見定めていきたい。そこでは、アナキズムお得意の「相互扶助」だったり「革命後の世界」だったり、「コミュニズム」なんて言葉が出てくる。人間にはそもそも「よりよく生きたい」「社会をよくしたい」なんて欲望があると仮定しつつ、その欲望が発露するのがヒエラルキーの上部か下部かで、まったく違う種類の暴力になってしまうということを解説する。

本書を最後まで読めば、死なないためにどう暴力を捉え、扱うべきかがわかるはずだ（たぶん）。さぁ、はじまりはじまり。

目次

第一章　世界は暴力にあふれている

暴力的な私たち

「暴力反対」は可能なのか？

「暴力反対」。よく聞く言葉である。でも、ここで反対されている「暴力」とは一体なんだろうか。殴る、蹴るといった物理的な暴力もあるだろうし、悪口・陰口といった言葉の暴力もある。あるいは、無視したり冷たく当たったりする精神的な暴力もある。さらに、「はじめに」でも挙げた、戦争といった大規模な暴力や、構造的暴力、象徴的暴力なんてものまである。なんと、この世は暴力まみれである。本気で「暴力反対」と言うのであれば、これらすべてに反対しなければならないが、果たして可能だろうか。

仮にAさんがBさんに殴られるとしよう。自分がAさんだとしたら、怖いし、痛いし、なんか嫌だろう。思い当たる節がないときはなおさら嫌だし、ちょっと思い当たる節があったとしても、ごめんこうむりたい。うん、暴力反対である。しかし、暴力を行使する方にはだいたい理由があるものだ。ひょっとしたらBさんはAさんを思わず殴ってしまうだけのひどい仕打ちを、Aさんから受け続けていたのかもしれない。自分がBさんだとしたら、どうだろう。暴力反対、できるだろうか。

もっと大きな暴力についても考えてみよう。政治的な駆け引きの延長線上で戦争が生じるとき、それは必要悪である場合がある。大国が小国に侵攻し、それに対して小国が防御したい場合、その防御のための暴力は否定されるべきだろうか。もちろん、理想的には否定されるべきではある。戦争も武力もないのがいちばんだ。しかし、現実的に否定するのは、かなり難しい。

今度は、ぐっと卑近な例で考えよう。人に対して「バカ」と言う場合だ。これは言葉の暴力にも見えるが、その「バカ」という語に含意されている意味合いを検討しなければ、否定するのは難しくないだろうか。気心知れた友人や家族に愛情をもって「バカ」と言う場合もあれば、本当に罵倒したいがゆえにこの語を用いるときだってあるだろう。

さて、いろんな例を挙げて何が言いたいのかというと、完全なる「暴力反対」はマジで難しいということだ。私とて暴力は基本的にふるうことなどないし、何十年もふるっていない。言葉の暴力は喧嘩の際にあるかもしれない。あるいはそれと気づかずになんらかの暴力を行使してしまっていることもあるかもしれない。好むと好まざるとにかかわらず、人間は暴力にまみれているのだ。メルロー＝ポンティという思想家は、「暴力は、我々が肉体を持った存在である限り、我々の宿命なのだ」とまで述べている。*3

そんな人間は、暴力を国家に仮託したり、自分たちで制限したりすることで、見掛け倒しの「暴力反対」社会をつくりあげてきた。みんな暴力をふるう存在であるという前提から、暴力を起こさないように調停する上位機関として国家を創設して、法で暴力をふるわないように仕向けた、なんていう議論もある（ホッブズという哲学者が述べる「万人の万人に対する闘い」である）。

生とは強奪である

それでは、動物の事例を考えてみよう。その辺のペットだと、甘噛みしあったり、興奮して吠えたりする。これもある種の暴力かもしれないが、まぁ可愛い暴力だ。だって生き死にが問われることではないから。しかし、肉食動物と呼ばれるライオンとかチーターとかジャッカルとかはどうだろうか。生き死にをかけた暴力行為を、腹が減るその都度おこなっている（もちろんやたらめったら殺して食っているわけではない）。ああ、動物とはなんと暴力的なのだろうか。

しかし、人間もそうなのではないか。私は、肉類は鶏肉くらいしか食べないが（脂っこいのが苦手なので）、肉を食べるというのは、動物を殺すことであり、暴力を行使することである。私は刺身が大好きなのだが、これもまた魚を殺している。畑もやっているが、収穫とは植物を殺すことでもある。よい作物をつくるために、土地を改良して、微生物は生かすが、害獣は殺しはせずとも、どうにか害獣に貴重な食糧が取られないよう策を練る（害虫は時に殺す）。これは間接的に害獣に暴力を行使していることにもなる（というか、害獣なんて言い方、ひどいよね、ヤツらも生きてるだけなのに）。

ベア・グリルスという元軍人でサヴァイヴァルの達人がいる。ディスカバリーチャンネルで以前放映されていた"Man vs Wild"（邦題は「サバイバルゲーム Man vs. Wild」）という番組では、彼は極地から人里までどうにかたどり着こうとする。雪降り積もるアルプスとかにヘリコプターからパラシュート降下し、パラシュートとその紐、火打ち石とナイフなどを用いて、ベアはどうにか生き延びていく。ベアはかなりの知恵の持ち主である。水分確保の方法や火の起こし方も知っているし、雪に囲まれた場所でもなんとかあったまる方法や、凍った湖から脱出する方法、木を切ってターザンのように谷の向こう側へ渡る方法、シェルターのつくり方も紹介してくれる。食糧調達の際にも、食べられる木の芽や実を見分けたり（先住民の知恵などが彼にはインプットされている）、時には熊や象の糞から食べ物を取り出したり、かなりおもしろい。

さて、暴力の話にもどろう。ベアは食糧調達の際に、蜂の巣を壊して蜂に刺されながら蜜を得たり、魚を釣ったり、鳥の巣にある卵を手に入れてカルシウム摂取のために殻ごと食べたり、そして蛇やウサギなどの動物を捕獲して焼いて食べたりする。人間に暴力は行使していないが、自然界に対して明らかに暴力を行使している。それはなぜか。番組の趣旨ではあるものの、やはり生きるためだ。ホワイトヘッドという哲学者がいるのだが、こんなことを言っている。「生とは強奪だ」*4（筆者訳）。生きるということはなにかしらの生命を殺して生きることだ。そこにさまざまな意味を付与して、人は生きてきた。たとえば、「贈与」という観点であれば、自然への暴力を、自然の「恵み」として受け取り、それに対して返礼をする。自然災害などが起こると、返礼が不十分過ぎたので罰があたったと考える。これは人間の社会関係でもそうだ。隣の部族からモノをもらうということは、強奪していることと変わらない。しかしそれを強奪として解釈しないために、さまざまな知恵を働かせる。もらったモノに魂がこもっているとか、思いが込められているとか、そんな感じで解釈することで、返礼したり、お礼になにか手助けしたりなど、お互いに持ちつ持たれつの関係をつくろうとする。この持ちつ持たれつの関係が壊れると、戦争になったりする。

このように、自然界であれ原初的な人間社会であれ、常に暴力は存在する。それが潜在的であろうとも顕在的であろうとも、暴力は常に、ある。そう、暴力との緊張関係のなかで人は生きているのだ。簡単に「暴力反対」などとゆめゆめ言えることではないのがおわかりいただけただろうか。

暴力を定義づける①

現代社会ではどうだろうか。私たちは日本人なるものに生まれたかったわけでもないのに、日本政府に税金が搾り取られる。そしてその税金は無駄遣いされる（どうせ生まれるなら北欧とかがよかったよ、とほほ）。それはともかく、払いたくもないのに、税金が搾り取られるのは暴力ではないか。しかも合法的に、である。税金を払わないと、裁判所とかから命令が来て、ひどい場合には刑務所にぶち込まれる。多くの人々はイヤイヤ払っているだけなのに、ただ生きているだけで暴力をふるわれる。政府だけではない。多くの企業も同じように私たちに暴力をふるっている。客として商品を買う場合、その商品の価値が勝手に決められている。二〇〇円くらいでつくられているのに、一〇〇〇円で売られたりして、客は掠《かす》め取られているのである。労働も同じだ。商品をつくっている、あるいは実際に売っているのは労働者なのに、その売り上げは丸々労働者に支払われず、ほとんど企業に掠め取られる。税金の収奪も掠め取りの収奪も、暴力である。

一方、小規模の個人事業主などは、実際より少なめに申告して、税を抑えたりする。これも知恵ではあると思うが、国家からしたら暴力である。あるいは学生として留学したりすると、年金なるものの納付は義務でなくなったりする。まぁ猶予なのでゆくゆくは払うことになるのだが、これも税金をなるべく払わないようにする知恵である。しかし国家からしたら、「学生なんかになりやがって」ということで、反撃にかかる。学費を上げていき、どうにか収奪しようとする。現代社会は、暴力の応酬である。もはや内戦である。

さて、本書ではどんな感じで暴力が語られるか、ぼんやりと輪郭が浮き出てきたのではないだろうか。ここで、暴力を定義してみよう。

暴力とは、ある（あるいは複数の）出来事ないし存在者が、他のある（あるいは複数の）出来事ないし存在者に力を不当に行使することである。

この行使には直接・間接を問わない。また不当だと感じるのは暴力を被る主観性に依拠する。この定義は暫定的なものにすぎないが、まずはこの定義にのっとりながら話を進めてみよう。

誰もが加害者になりうる

一九三〇年代、日本政府は日本窒素肥料（現JNC、補償業務をおこなっているのはチッソ）という企業が有機水銀を含む排水を河川に垂れ流すのを是とした。それにより不知火《しらぬい》海《かい》の沿岸地域の多くの人たちが汚染された魚を食し、水俣《みなまた》病となった。これは政府や企業による暴力である。そして、水俣病の患者たちや、その患者たちを支える活動家たちが東京の日本窒素肥料本社に行って、座り込みをおこなった。さらに建物内に侵入し、社長室で立てこもって、どうにか話ができないか詰め寄った。これは企業からすれば暴力である。双方暴力をふるっているわけだが、ここで考えるべきは、日本窒素肥料はどれだけの人間を殺し、どれだけの人間を生活できないようにし、どれだけの人間を苦しみの底へと突き落としたのかということである。また、そもそも日本窒素肥料は国家によって守られた国策企業であり、民衆は到底守られていたとは言い難い。もちろん、水俣の工場に勤める会社員やその子どもが水俣病になった事例もあるし、日本窒素肥料を悪く言わない水俣の住民もいた。数多くのレイヤーが存在し、日本窒素肥料と患者との間に人の数だけグラデーションがあるのは言うまでもない。そして、どのレイヤーにも、どのグラデーションにも、暴力を見出すことは簡単だ。しかし、患者と日本窒素肥料の関係は圧倒的に非対称なのである。これは、ヒエラルキーが存在するとも言える。この階層では、国家や企業が上位で、民衆が下位に置かれている。

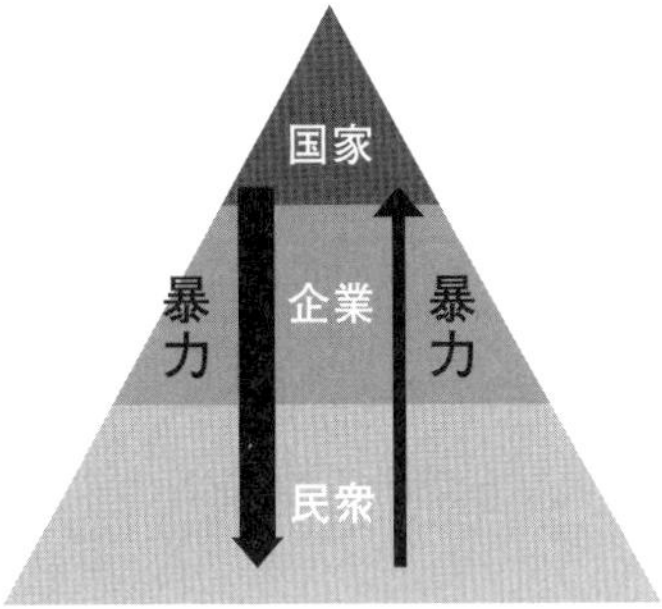

1-1 ヒエラルキー

ヒエラルキーの上下であれ、互いに暴力が行使される関係にある。しかし、なにかしら抵抗しなければ、ヒエラルキーの下の者たちはただひたすら殺されていくだけだ。一方で、企業の側も国家を支えていく産業を担っており、抵抗する民衆の言うことを丸々聞いていれば会社の命運にも関わり、雇用している人々をも守れなくなってしまうわけだ。もちろん本書は国家や企業に加担することなどはないけれども。

また、どのレイヤーにも、どのグラデーションにも暴力を見出せると述べたが、これはどういうことだろうか。たとえば、私たちはビニール素材のものを使って生きている。コンビニやスーパーのビニール袋をはじめ、大変便利な代物だ。私たちは水俣病患者でもなければ、ＪＮＣやチッソの会社員でもなく、普段は「ひどい会社だよな、はよ潰れんかな」とでも思っていたとする。しかしながら、私たちは普段からビニール袋を使っており、このビニールをつくる過程で必要な可塑剤がある。この可塑剤をつくっているのがＪＮＣである。また、目の前のスマホやパソコンの液晶の生産の世界シェアのほとんどをしめているのもＪＮＣである。そう、私たちはじつはＪＮＣとチッソに加担してしまっている。誰もが加害者にもなりうるのだ。しかし、そこで開き直るべきではない。どこに暴力が介在し、自分がどういった暴力に関わり、なにを否定して、なにを肯定すべきかを考えるべきなのだ。

暴力の思想史

ソレルの暴力論

私は哲学や思想史を研究している（自分でもたまに忘れるのだが）。なので、ここで哲学や思想史でどのように暴力が議論されてきたのか一瞥してみよう。私たちが暴力について考えるうえで、先人たちの実践はたぶん参考になるはずだ。

暴力についての思想といえば、ジョルジュ・ソレルという思想家が真っ先に挙げられるだろう。[*5] アナキストの先祖みたいな人でもあるのだが、アナキスト界隈でも毀《き》誉《よ》褒《ほう》貶《へん》がある。細かい人物評は省略するとして、ソレルの暴力論は後の世に大きな影響を与えた。個人的には賛同しかねるところもあるのだけれども、参照できるところもある。

まず、ソレルは暴力を二つに区分している。「フォルス（force）」と「ヴィオランス（violence）」である。フォルスは「強制的物理力」であり、国家や資本が、戦争や公害や逮捕や抑留、拘禁などの仕方で身体に物理的に強制力を働かせることで行使していくものである。一方のヴィオランスは「人間の生を高揚させる激烈な力」と述べている。ベルクソンという哲学者が述べていた「生の飛躍（elan vital）」にヒントを得た概念で、人間と社会を創造的に切り拓いていく能力であり、職人や芸術家の美的な生産活動に顕著だと語っている。ソレルは、革命的なプロレタリアート（労働者階級）によるゼネラル・ストライキを、フォルスを押し戻すためのヴィオランスの好例としている。このほかにも、「激烈な生命力」「古代叙事詩の英雄の行動力」「自由な人間を作る創造力」「自己規律的な労働のモラル」「自己犠牲の力」などを挙げてヴィオランスを語っている。私がソレ

1-2 ジョルジュ・ソレル

フォルス	**強制的物理力** 国家や資本による、戦争や公害や逮捕や抑留、拘禁など
ヴィオランス	**人間の生を高揚させる激烈な力** 人間と社会を創造的に切り拓いていく美的な生産活動、ストライキなど

1-3 フォルスとヴィオランス

ルの暴力論に全面的には賛同しかねる理由が、この「英雄」や「自己犠牲」である。「みんなのために」なんてものは、偽善だ。いや、偽善でもいいが、ともすれば、「（みんなのために）あれをやってやったんだ」とか、偉大な英雄がいたのは構わないが、それがナポレオンとか東郷《とうごう》平八郎《へいはちろう》とかだったら、どうか。純粋に人殺しである。しかも国家や資本レベルの暴力を行使した者どもである。そうした暴力の肯定につながりかねないので、ソレルの暴力論には注意が必要だと思っている。本書では、フォルスとしての暴力は否定し、ヴィオランスとしての暴力は「自律的な精神の発露」としての側面のみを肯定することとする。

ベンヤミンの暴力論

ヴァルター・ベンヤミンという思想家も、ドイツ語の「ゲヴァルト（暴力）」という語について論考している。いわく、ゲヴァルトには「神話的暴力」と「神的暴力」の二つがあるそうだ。[*6] 神話的暴力は、物理的で犠牲を要求する破壊力であり、神的暴力はこの神話的暴力を廃棄する暴力と述べている。お察しのとおり、この区分はソレルに影響を受けているので、酷似している。しかし、ソレルと違うところもある。

　ベンヤミンの言う神話的暴力には、ソレルがフォルスに込めていた「物理的な破壊」のみならず、ヴィオランスにおける「自己犠牲の力」に該当する意味も込められている。また、神話的暴力には、「法措定的暴力」と「法維持的暴力」があるとも言っている。法を指定するのはむろん政治家たちであり、それを支えているのはブルジョワジーである。金持ちとそれに支えられた政治家たちが国家を利用して、私たち民衆に対する暴力を合法化する。そのうえで、合法な暴力機関である警察などが私たちを取り締まる。法維持的暴力とは、この警察などである。これに抵抗する暴力が、アナーキスティックなゼネストであり、これにベンヤミンは共感を寄せている。

1-4 ヴァルター・ベンヤミン

　ちなみにこの法措定的暴力と法維持的暴力についてはジャック・デリダという有名な哲学者が長々と論じていて、これらの暴力は両輪だとか言っている。また、ジュディス・バトラーという人なんかはベンヤミンの神的暴

神話的暴力	物理的で犠牲を要求する破壊力 →法措定的暴力:法を定める力 →法維持的暴力:法を守らせる力
神的暴力	すべてを焼き尽くし、一掃する力

1-5 神話的暴力と神的暴力

力は非暴力だと解釈してみたり、いろいろベンヤミンの注釈があるが、ここでは割愛する。[*7]

さて、次は神的暴力の方を見てみよう。この神的暴力なるものは、これはもうベンヤミンの書きっぷりが抽象的過ぎて、正直何が何だかわからない。

神話的暴力が法を措定すれば、神的暴力は法を破壊する。前者が境界を設定すれば、後者は限界を認めない。前者が罪をつくり、あがなわせるなら、後者は罪を取り去る。前者が脅迫的なら、後者は衝撃的で、前者が血の匂いがすれば、後者は血の匂いがなく、しかも致命的である。……神話的暴力はたんなる生命にたいする、暴力それ自体のための、血の匂いのする暴力であり、神的暴力はすべての生命にたいする、生活者のための、純粋な暴力である。前者は犠牲を要求し、後者は犠牲を受けいれる。[*8]

かっこいいけど何を言ってるかよくわからない。とにかく、国家や資本が行使する暴力に抵抗するどころか、すべてを焼き尽くし、一掃してしまうほどの暴力である。法をも破壊していく暴力で、血も流れない、おそらく神のみがふるえる暴力なのだ。「純粋な暴力」と言ったりもしているが、まぁ私なりに解釈すると、精神的であれ、物理的であれ、ムカつくものをすべて無に帰するほどの暴力であり、物凄い勢いのある力なのだと捉えることができる。神話的暴力は私たちをいたぶる暴力であり、これに抗するあり方を本書では肯定していきたい。

1-6 フランツ・ファノン（手前）

ファノンの暴力論

他に有名どころだと、フランツ・ファノンという思想家がいる[*9]。彼はカリブ海のフランス領マルティニク島出身の思想家だ。これだけで想像できるかもしれないが、植民地とそこでの抵抗を丹念に考え、抵抗の暴力を肯定した人物だ。彼自身フランス軍に従軍し、フランス人として第二次世界大戦を戦った。のちにリヨンで勉学に励み精神科の医師となった。当時フランス領だったアルジェリアの病院で医師として勤務しつつ、植民地での被植民者たちの悲惨な現状を目の当たりにしていた。アルジェリア戦争が起きると、彼はアルジェリア民族解放戦線に身をささげた。白血病にかかり、晩年は暴力論の名著でもある『地に呪われたる者』を書き上げ、アルジェリア独立の七カ月前に亡くなった。

ファノンの暴力論は、徹底して植民地主義に対する暴力的な闘争を呼びかけるものであった。ソレルの言うヴィオランスである。ファノンは、暴力的な抵抗は被抑圧者の精神のみならず、抑圧者の精神をも解放すると述べた。じつに精神科医らしい。これはつまり、被植民者たちの暴力的な抵抗が植民者たちを慄《おのの》かせ、自分たちが統治の名の下に被植民者を搾取しているという事実に気づかせ、統治を諦めさせるということだ。またファノンは、植民地主義が死ぬことで、被植民者も死に、植民者も死ぬ、なんてことを言っている。文字どおり、植民地がなくなれば、植民者という立場はなくなる。そして統治される被植民者という立場もなくなる。ここには、積極的に社会参画をするべしという哲学者ジャン・ポール・サルトルの実存主義の影響も垣間見える。実際、『地に呪われたる者』の序文はサルトルが書いており、援護射撃をおこなっている。「反乱の初期においては相手を殺さねばならないが、一人のヨーロッパ人をほうむることは一石二鳥であり、圧迫者と被圧迫者とを同時に抹殺することであるからだ」[*10]。すごい書きっぷりだ。

ファノンにとって否定すべき暴力とは、なによりもフランスという国家、そして白人に虐げられることである。ここでは植民地と被植民地の区別を破壊することが目的となる。白人も黒人も同じ人間なのだから、差別をおこない、暴力を行使してくる奴らに対しては、暴力で対抗するほかない。ファノンは同じ黒人であっても、都市のブルジョワジーに牙をむく。白人におもねって、自分たちだけ金を稼ぎ、地方の黒人農民たちをバカにする。そんな白人みたいな黒人たちも、ビビらせなければならない。どうするか。やはり、暴力だ。ファノンとサルトルはこの点で徹底して抵抗の暴力を肯定する。フランス政府は、アルジェリア独立を求めて政府施設や軍事施設を攻撃する者たちを「テロリスト」とみなした。フランスの知識人たちも、抵抗はするべきだが暴力はいけませんと言う。しかし、ファノンもサルトルも動じない。独立のためなら、暴力は否定してはならないし、不可欠だとさえ言ってのけた。実際にこの圧力に屈したド・ゴール政権は、ここではまとめることができないほどのゴタゴタ状態を招いた末に、アルジェリアの独立を認めた。アルジェリアは暴力でこそ独立を勝ち取ったのだ。

ただし、もちろん問題もある。ただの暴力礼賛話にしてもいいのだが、当然のようにアルジェリアの人々が犠牲になった事実は忘れてはならない。そして、独立後、アルジェリアでは暴力沙汰が続いた。フランス軍関係者の子どもたちがアルジェリア民族解放戦線によって殺されたり拉致されたりもした。とはいえ、やはり、フランスという国家が、常態的にアルジェリアの民衆に対して抑圧や差別、そして虐殺をおこなっていたことが諸悪の根源であったことは、絶対に忘れてはならない。

マスミの暴力論

最後に、ブライアン・マスミというカナダの哲学者の議論を参照しよう。とはいえ、マスミは暴力そのものの話をしているわけではない。彼の動物論を我田引水して、暴力を論じる枠組みとして使ってしまおうと思う。

マスミは、動物の行動あるいは運動を、ある種の政治的駆け引きとして考えている。[*11] まさしく政治の暴力性について述べているわけだ。われわれ人間も含む動物は、その時々の状況に応じて、否応なしに行動をしなければならないときがある。マスミはこの否応なしの場面を〈文脈（context）〉と〈状況（situation）〉に区分けする。〈文脈〉とは、そこでのふるまいについて、なにがしかのルールが存在するケースである。たとえば、「会社」だったら働くふりしてネットサーフィンするか、あるいはそれなりに働く場所だし、「学校」だったら隣の席の好きな子の妄想をしながら勉強するふりをするか、あるいはそれなりに勉強する場所である。一定のルールがあって、そのなかで過ごす場所、それが〈文脈〉である。では、これを暴力にあてはめてみよう。「ルールがある暴力」といえば、ボクシングやレスリング、ほかのさまざまな武道関係のスポーツがあてはまる。否応なしの規範やルールがあり、それによって〈文脈〉が構成される。これはルールが一定程度決まっている以上、どこでやっても同じである。国際ボクシング連盟の競技規則にのっとって、多くのボクシング大会が開かれ、どこでも同じルールで暴力が行使される。もちろんそこでは、「チャンピオンと挑戦者」といったヒエラルキーのなかで殴り合いがおこなわれる。あくまでルールにのっとっているので、ヒエラルキーはスペクタクル、あるいはドラマ的なものとして機能するのみである。

〈文脈〉はいつでもどこでもルールがある一方、〈状況〉は一回きりのものである。ある一瞬の一回限りの状態。これにはルールがない。たとえば、繁華街の裏路地でヤクザに絡まれて逃げようがないとき。あるいは、好きな子と楽しくおしゃべりしていたのに、口が滑って一気に嫌われてしまった瞬間。このときもまた否応なしの場面であり、かなりの緊張状態が強いられる。

1-7 ブライアン・マスミ

もちろん、そのままヤクザにボコボコにされてしまったり、そのまま好きな子に嫌われてしまったりすることもある。これを「強制的様態」という難しい言葉でマスミは説明している。つまり「否応なく強制的に完敗しちゃう」感じだと思ってくれればいい。しかし、時に違う結果になることもある。ヤクザと闘ってみたら、意外にボクシング経験者である私は、ボッコボコに殴り返して勝ってしまう

文脈	そこでのふるまいについて、 なにがしかのルールが存在する場合 （例：ボクシングの試合）
状況	一回きりの、ルールのない一瞬 （例：路地裏での突発的な殴り合い）

1-8〈文脈〉と〈状況〉

かもしれない。あるいは、かなりユーモアセンスのある私は、好きな子に嫌われたかと思った刹那、その前言を笑い話で撤回することができてしまうかもしれない。こうした場面を、これまたマスミは「情動的自律性」なんて言っている。つまり「否応なくやばい瞬間を、間一髪で切り抜けてしまう」感じだ。ヤクザと殴り合ったら、意外と勝ってしまった。このとき、そうせざるをえない〈状況〉がある。この意味で、暴力は肯定されるべきではないのか。ここで述べたような、〈状況〉における緊張関係を、マスミは「動物的政治」と言う。そう、やはり暴力は政治の問題なのだ。

暴力論を組み合わせる

ヒエラルキーを導入する

さて、ここまでソレル、ベンヤミン、ファノン、マスミといった先人たちの暴力論を概観してきたが、本書における考察にすべてを取り込んだら、破綻してしまう。そこで、いくつかのエッセンスを取り入れていくことにしたい。

ソレルやファノンの暴力論から、「ヒエラルキー」という概念を導入しよう。トップの存在がいて、その下の各段階に諸々の立場があり、ボトムには複数の諸存在がいるというアレだ。よく出てくる例は、アンシャン・レジームのフランス。トップに王がいて、その下に司祭だったり貴族だったり、領主だったり、商人だったり、農奴がいる。これはたとえば、トップに大統領や首相、国の象徴とされる天皇がいる国だったり、トップに代表取締役やらがいる組織にもあてはまる。

ヒエラルキーにおいては、トップからの命令にその下の者が従う。優位にあるトップの者はその構造を保とうとする。そして時に下の者たちもその構造を支えてしまう。「忖度」などがその代表例の、解釈労働というものだ。哲学者ミシェル・フーコーが述べていたように、主体と隷従はセットだったりもする。つまり、私たちが病気になりたくないからワクチンを打つという主体的な活動は、誰がワクチンを打ったのかを国家や病院によって管理されるという隷従関係に陥ったりもする。

ではなぜヒエラルキーが生じるのだろうか。端的にいえば、「物語（ナラティブ）」の仕業である。それはドラマチックでロマンチックな話であることが多い。王権神授説も、天皇の神話も、アーリア民族の神話も、プーチンが大好きな「ルースキー・ミール（キリスト教ロシア正教

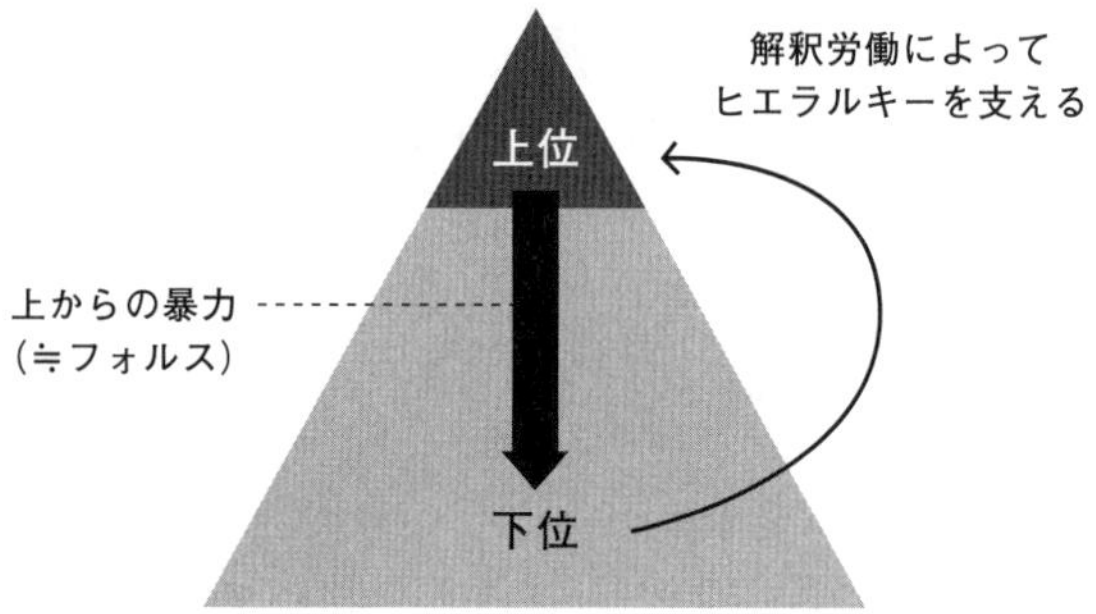

1-9 ヒエラルキーとフォルス

会を信仰するロシア語話者が居住する地域を、独自の文明圏とみなす世界観)」もそうだ。いずれもある地域に独自の文化・文明圏があったとするイデオロギーであり、神が出てきがちである。多くの場合、こうした事実に基づかない、嘘偽りに満ちた神話から人間に対する価値観が生まれ、ヒエラルキーが生じていく。そうしたヒエラルキーのトップに君臨するものが法を措定し、そのように君臨した人を解釈しながら支える下々の者どもが法を維持しようとする。これによってソレルの言うフォルスが生じる。これが上からの暴力の原因だ。

国家のあり方は、民衆の生き様とはズレたものであり、民衆が求めるものとは異なる目的で存在している。国家が民衆の生を維持するのは、副次的な事柄でしかない。つまり、民衆に対して暴力を用いてカネ(税)を掠め取り、国家を維持することが目的となる。そして、民衆と国家との間には政治が生じる。あるいは国家間に政治が生じる。そしてマスミが言ったように、そこには暴力が生じる。

もちろんここでは神話そのものを罵倒しているわけではない。ただ「根拠がない」と言いたいだけだ。神話が民衆に資することもあるが、国家のための都合のよい物語として機能してしまうことも多い。あるいはなにかしらの経験を基に、倫理性を担保するため神話という形をとったものもある。なんにせよ、根拠なくして国家の神話はできている、ということだ[*12]。

グレーバーの「ブルシット・ジョブ」

ヒエラルキーは解釈労働によってても支えられると書いたが、そもそも解釈労働とはなんだろうか[*13]。これは、資本主義とも関連が深い。

まず、ヒエラルキーのトップがトップである所以は、ヒエラルキーの下々の者どもがトップの意向を解釈してしまうからである。なぜ解釈が生じるのかといえば、暴力で脅しつけられているからである。下々の者は暴力をふるうトップが怖いから、常にトップの様子を窺って、よかれと思ってさまざまな事柄を忖度する。トップの言葉が足らずとも、下々の者がそれを法の枠組みでなんとか支えようとする。抵抗しないのは、ただ怖いからである。天皇を批判すると、右翼が襲撃したりしてくる。はっきり言って、怖い。戦前~戦中では非国民だのなんだのと言われて、孤独になることもある。これだって恐ろしい暴力だ。つまり、抵抗すると殺されたり、捕まったり、いじめられたり、左遷されたり、給与が減らされたりする。むろん、抵抗しなくても、殺されたり、捕まったり、左遷されたり、給与が減らされたりするのだが。

いずれにせよ、こうしたことが起こるのは、トップが暴力を行使する権限を持っているからである。天皇にその権限がなくとも、勝手に解釈して宮内庁の面々だの総理大臣だの警察だのが天皇の「お気持ち」を忖度して、その権能を行使する。また、言うまでもないが、ほとんどの人民は銃を持っていないが、ほとんどの警察官は銃を持っている。ほとんどの人民は人を殺す訓練はしたことはないが、ほとんどの軍人は人を殺す訓練をしている。[*14] ここにも「力」の非対称性が生じている。そう、これがヒエラルキーだ。

また、解釈労働は「ブルシット・ジョブ」なんて昨今有名な言葉でうまく言い表されている。[*15]「ブルシット」とは「うそ、でたらめ、たわごと、欺瞞《ぎまん》」といったニュアンスを含むスラングとして、二〇世紀初頭から英語圏で使用されてきた言葉だ。そこから「クソどうでもいい仕事」といった翻訳がなされている。私たちの身の周りに、欺瞞に満ちた仕事、不必要な労働はないだろうか。「生活のために生活を犠牲にする」「仕事をなくすための仕事」「会議を減らすための会議」に日々翻弄される。これらがブルシット・ジョブだ。その一方で、本来生活に必要不可欠な「きつい仕事（シット・ジョブ）」というものがある。保育や教育、医療などのケア領域の仕事だ。たとえば介護士とか、トラック運転手とか、ごみ収集などがそれにあたる。とりわけCOVID-19のパンデミックで、こうしたシット・ジョブの重要性が語られるようになった。そして、それに対して私たちの仕事の多くが不必要なのではないかと疑義が呈されるようになったのだ。人類学者のデヴィッド・グレーバーはこう述べている。

（ブルシット・ジョブとは）被雇用者本人でさえ、その存在を正当化しがたいほど、完璧に無意味で、不必要で、有害でもある有償の雇用の形態である。とはいえ、その雇用条件の一環として、本人は、そうではないと取り繕わなければならないように感じている。[*16]

1-10 デヴィッド・グレーバー

いまからおよそ一〇〇年前、ケインズという経済学者はこう予言した。一〇〇年後には技術も進展して、私たちの仕事量は週に三日くらいで済むようになる、と。たしかに一〇〇年前に比べるとパソコンもあれば、スマホもある。科学技術はものすごく進歩したはずだ。少し前までスマホではなくガラケーで、それ以前は固定電話だったし、さらにさかのぼれば電話は一家に一台だったくらいである。テレビもパソコンもそうだ。こんなに便利になったはずなのに、なんで、こんなに仕事が多くなっているのか。なんで、こんなに仕事が多くなっているのに、給与は増えないのか。これはブルシット・ジョブが増えたせいである。中間管理職やら、エグゼクティブなんとかやら、CCOやら、CEOやら。偉そうに見える彼らは、じつは許認可と無駄な会議をしているだけなのだ。そこで決定された、実際に人々の利益を生み出す仕事とは何の関係もない、意味不明な仕事を私たちはやらされている。偉そうな奴らがなぜ偉いかと言えば、取り巻きがたくさんおり、トップや管理職に忖度しているから。実体的な労働には何も関わりがなく、無駄な仕事をしているのに、いやそうであるがゆえに、ブルシット・ジョブの方が給与は高かったりする。反対に、実生活に関わりのあるシット・ジョブは、ほとんどが低賃金だ。これを暴力と呼ばずしてなんと呼ぶ。

ちなみに筆者が働く教育業界には、ブルシット・ジョブとシット・ジョブが混じっていてややこしい。現場でおこなわれるべき本来の教育や研究というシット・ジョブはやりがいしかない（ただ学生と勉強するのみならず、学生の進路相談や人生相談、突然授業中に学生がゲロ吐いたりするのでそれを掃除したり、飲み過ぎたりしないように注意したり……）。その一方、ブルシット・ジョブもたくさんこなしている。文部科学省や日本学術振興会や大学の全学や部局、はたまた民間グラントに書類の山を出して資金を調達し、ようやく研究や教育が可能になるという謎の状態である

（それにしても勤務先の給与、あげてほしいんだけど……）。

暴力を定義づける②

勤務先への愚痴はさておき、これまでの議論を踏まえて、本書における暴力の定義を次のように更新しよう。

暴力とは、ある（あるいは複数の）出来事ないし存在者が、他のある（あるいは複数の）出来事ないし存在者に力を不当に行使することである。そして、ヒエラルキーの上位の諸存在が下位の諸存在に暴力を行使することは常態であり、下位の諸存在は不当にも暴力を行使されることが常態となる。そして、ヒエラルキーの下位の諸存在は上位の諸存在による暴力を妥当なものだと解釈して結果的にヒエラルキーを支えてしまう。ただし、上位の諸存在に対して抵抗という仕方で暴力を行使することもある。

それでは、どうやって抵抗すべきか。最近よく称揚されるのが「非暴力」である。しかし、果たしてそれは本当に有効なのだろうか。

非暴力を批判する

〈戦略〉と〈戦術〉

先にも述べたように、国家や企業は暴力を用いて私たちを支配し、カネを掠め取る。国家においては、オカルトとしか言いようがない「物語」に裏打ちされた立場の者が（本当は裏打ちされておらず、無根拠なのに）法を制定し、そしてそれを維持する暴力によって民衆からカネを掠め取る。企業の方も、なぜその商品が必要なのかという物語を一生懸命語り、それに騙されて民衆はカネを企業に渡す。これが資本主義を駆動している「希少性神話」である。本来生存に必要ないものを生活必需品かのように見せかけて、売り出していく。そして、あたかもそれが不足しており希少価値があるかのように見せかけていく。よく考えてほしい。人間が生きる上で、ほとんどの商品は不要なのだ。人間の歴史を考えれば、この世にある商品のほとんどを持たずして人類は脈々と生きてきた。とはいえ、ほとんどが不要な商品のなかから相対的に必要なものを選択して私たちは生きていかざるをえない（私も残念ながらアップル製品にまみれてしまっている……）。

いずれにせよ、カネを掠め取られること、物理的に警察に殴られること、軍人に殴られること、自警団に殴られること、ヤクザに殴られること、それらに抵抗するにはどうしたらよいだろうか。暴力に対する、〈戦略〉と〈戦術〉について、ここでは考えてみよう。これらの定義については、またもやフーコーに倣いたい。

〈戦略〉は、目標を達成するにあたって、あらかじめ青写真が決められ、何をするのかが決まっているものである。〈戦術〉はそれと異なり、〈戦略〉を実現するための個別具体的な方法のことである。これはマスミの言う〈文脈〉と〈状況〉に対応していると考えてもらってもよい。たとえば、ある法案を撤回させようという目標に際して、〈戦略〉を立てるとする。そのときに野党が与党に質問を浴びせかけたり、私たちがデモをしたり、ストライキをしたり、交渉したり、法的に訴えたりする。これが〈戦略〉だ。それに対して〈戦術〉は、どういった仕方で質問をするのか、どうやってデモをするのか、どうやってストライキをするのか、どうやって交渉するのか、どうやって法的に訴えるのか、というものだ。敵に囲まれたとして、いちばん弱そうな奴を殴って突破口をつくり逃げるのか、それともカツアゲが敵の目的ならばカネを渡して殴られないようにするのか。これはその都度の〈状況〉、あるいは〈戦術〉が問われるものだ。

日本のアナキスト・谷川雁《たにがわがん》も、三井三池争議について語りながら、〈戦術〉と〈戦略〉に触れている。三井三池争議とは一九五三年と一九五九〜一九六〇年の二度にわたった戦後最大規模の労働争議のことだ。福岡県の大牟田から熊本県の荒尾にかけて広がっていた三井資本の炭

戦略	目標を達成するにあたって、 そのおおまかな道筋を決めたもの （例：無期限ストライキ）
戦術	戦略を実現するための、より具体的な行動 （例：デモやピケ）

1-11〈戦略〉と〈戦術〉

鉱で、国策によって石炭から石油への移行がなされたことで、企業側もリストラなどの必要に迫られるようになった。その動きに反発した労働者たちはストライキにうってでた。この三井三池争議は「総資本対総労働」と言われた闘争であり、無期限ストライキという〈戦略〉に基づいてデモやピケ（ピケッティング：ストライキがおこなわれている事業所等に見張りを置き、ほかの労働者の就労阻止、ストライキ参加の促進、一般人へのアピール等をする行為）といった〈戦術〉が繰り広げられた。そうした闘争に影響を受けた上で、福岡県中間市にあった大正炭鉱で谷川は闘争線をはった。そこでは、荒々しい炭鉱夫たちの土着的な闘いが〈戦術〉として取り上げられるようになった。棒の先に犬のうんこをつけて警察と対峙したり、ひたすら座り込みする際にも酒を飲んで宴会を開催した。その運動固有の〈戦術〉が展開されていき、それと同時に交渉もおこなわれていった。そうした闘争の〈戦略〉と〈戦術〉があったからこそ、労働者たちは勝利をしていったのである[*17]。

さて、こうしたヒエラルキーや〈戦略〉と〈戦術〉の腑分けを見た上で、上からの暴力にどう抵抗するかを考えてみよう。まず、そのあり方としては「非暴力」と「暴力」の二種類が考えられるだろう。まず、非暴力的な抵抗を見てみよう。

本当に非暴力〝だけ〟で勝つのか

近年、日本ではなぜか非暴力に関する書物が多く刊行され、界隈を騒がせている。それは悪いことではないが、いいことでもない。なぜなら、非暴力的抵抗も重要なのはそのとおりなのだが、果たして非暴力的抵抗〝だけ〟でこの世界の変革は可能だったのか、という疑問があるからだ。もちろん、これは暴力的抵抗に関しても言える。これについてはあとで述べよう。

非暴力的抵抗に関する数々の研究について、良くも悪しくもいまもっとも注目されているのが、エリカ・チェノウェスとマリア・ステファンのものだ。最近だと「人口の三・五％が非暴力的抵抗をおこなうだけで世のなかは変わるから、暴力的抵抗は不要だよね」みたいな、聞き捨てならない言説を展開している者たちだ。チェノウェスとステファンは一九〇〇年から二〇〇六年のおよそ一〇〇年間で起こった国家の体制変化、民衆の占領からの解放といった事例三二三件を分析した。その結果、暴力的抵抗ではなく、非暴力的抵抗によってこそ、運動や革命は達成され、安定的で民主的な状態へと至ることができたと述べている。[*18]

さて、このチェノウェスらの議論は端的に言って誤っている。データを収集し、もっともらしいことを言っているように思えるが（もちろんある意味では正しい）、非暴力と暴力とを大雑把に分け過ぎているのだ。チェノウェスらは、時代や地域がまったく異なる抵抗運動を取り上げ、暴力か非暴力かを二分化している。しかし、実際のところは体制変革に際してはさまざまなレイヤーの運動が存在し、暴力と非暴力とに大雑把に分けられるようなものはない。これは、数多くある歴史記述をきちんと読解すればわかることだ。

たとえば、武装した暴力運動もあれば、武装した非暴力運動もある。はたまた非武装の暴力運動もあれば、非武装の非暴力運動もある。他にもチェノウェスらの研究は政府のキャンペーンを転覆させたもののみに焦点が当たっているが、BLMの警察解体や国民健康保険を認めさせる運動、難民改革キャンペーン（いまの日本の入管問題もそうかもしれない）や世界の連帯運動、政治犯解放運動などには焦点が当たっていない。すべての出来事は固有だし、特異なのだ。[*19] またチェノウェスの共著者のステファンは、現在はアメリカの平和機構に席があるが、それまでもNATOや国務省などに勤めていた人物だ。安全保障と統治、つまり国家の観点からこうした抵抗の研究をおこなっている人物である（つまり、大変怪しい）。

具体的には、南アフリカのアパルトヘイト体制を撤廃させたネルソン・マンデラたちによる運動が非暴力的抵抗運動の成功例として取り上げられている。しかし、これはまったくの虚偽だと言わざるをえない。まず、チェノウェスとステファンは、運動が成功した年とその前年しか取り上げていない。時間軸が薄い。マンデラたちの運動は、本当に非暴力的抵抗運動の成功例だったのか、中長期的な視点で見てみよう。

マンデラの非暴力的抵抗

マンデラは「アフリカ民族会議」という南アフリカの独立解放組織に参加し、共産主義弾圧法や投票者分離代表法などの撤廃を訴えていた。しかし何をやっても暖簾《のれん》に腕押し状態で、正攻法での〈戦略〉を変更せざるをえなかった。そこから闘争を開始した。そして、その闘争の方法が非暴力的抵抗だった。本人もこう語っている。

非暴力は、ひとつの選択肢というより、やむをえない現実的な道なのだ。わたしもそういう考えで、ガンジー型の非暴力は、絶対にゆるがせない原則ではなく、状況に応じて用いるべき戦術のひとつだと見ていた。ガンジーは、たとえ自滅につながっても非暴力の戦略を貫くという信念を持っていたが、わたしには、原則がそれほどまでに重要だとは思えなかった。効果のあるかぎり非暴力的抵抗を続けていくことを、わたしは提案した。[*20]

マンデラによる非暴力的抵抗は、法律を犯し、無抵抗で逮捕されることで、体制に圧力をか

1-12 ネルソン・マンデラ

けていくというものだった。もちろんこの方法でも警察や治安部隊から殴られたり蹴られたりする。非暴力的抵抗とは、ふんわりとデモをすることなどでは決してないのだ。マンデラたちは、この〈戦略〉と〈戦術〉によって、全国規模でのストライキを展開し、社会全体を麻痺させていった。なぜこのような〈戦略〉をとったのかといえば、「人々を闘争に引き入れる最も効果的な材料だから」[*21]とマンデラは述べている。「自身が暴力をふるうわけではない」という点で、大衆は非暴力的抵抗には参加しやすいだろう。多数の民衆が参加することで社会を麻痺させるという点にマンデラは重きを置き、そのための〈戦略〉として非暴力的抵抗を使った。民衆による抵抗運動という側面では非暴力を採用していたが、一方でマンデラが所属するアフリカ民族会議には軍事部門があった。しかも、マンデラはその責任者に就任した事実もある。

そして、マンデラらにも変節が訪れる。非暴力的抵抗運動で大衆動員を実現してもなお、南アフリカの状況には変化がなかったのだ。

非暴力によって人種差別のない国家を創りあげるというわたしたちの政策がなんの成果もあげていないこと、支持者たちがこの政策に疑いを持ち始め、テロという不穏な考えを胸に育ててきていることを、否定できなくなっていました。*22

ここから、暴力的抵抗運動が展開される。とはいえ、どんな手段を使ってもよいということではない。あくまで〈戦術〉としての暴力的抵抗の出番である。マンデラたちは、市民に被害を及ぼさないように注意しつつ、物理的な破壊活動を展開した。これは主に政府施設へのテロ行為であった。これはかなり大きな影響を及ぼした。このあとにマンデラは逮捕され、二七年間にわたる獄中生活を送ることになる。そして、抵抗運動のリーダーが収監されたという点で、より広くマンデラらの抵抗運動を世に知らしめる結果となった。

こういった事実からして、非暴力的抵抗という物差しだけでアパルトヘイト撤廃の過程を語ることなど不可能ではないか。チェノウェスらは何を調べたのであろうか。マンデラが投獄された一九六二年の後の一九七六年にも「ソウェト蜂起」と呼ばれる民衆と警察との激しい闘争があったし、八〇年代にも大小さまざまな政治的暴動が展開された。そして、九〇年代に釈放されたマンデラは、再び非暴力という〈戦略〉を取るようになった。このように、アパルトヘイト撤廃への道のりは、さまざまな紆余曲折を経た上での勝利だったはずだ。非暴力的抵抗

〝だけ〟を語ろうとする人々は、九〇年代以降のことしか目に映っていないように思われる。
この他にも、チェノウェスらの研究に対してアンドレアス・マルムは的確にもこう述べている。

チェノウェスとステファンはよくある省略と隠ぺいを行っている。二人はシリア軍の二〇〇五年のレバノン駐留に反対する運動を非暴力が勝利した例として誇示するが、ヒズボラや他のゲリラ勢力の闘争には一切触れない。比べようもないほど残忍で堅牢なイスラエルによる占領を打破する闘いだ。他にもある。ネパールで君主制が崩壊したのは市民の穏健さの成果であるとして、毛沢東主義者の軍事闘争を無視している。反アパルトヘイト運動を非暴力に分類している。反ヒトラーの非暴力抵抗すら、暴力的な抵抗よりもうまくいったのだと描いている。真のガンジー精神に見られる巧妙なトリックだ。[*23]

ここでは、非暴力的抵抗のみを恣意的に持ち上げる所作が「真のガンジー主義」と非難されている。マンデラも「ガンジーはたとえ自滅につながっても非暴力の戦略を貫く」と語っていた。このように、徹底した非暴力で有名なガンジーだが、果たして彼も非暴力的抵抗のみで勝ったのだろうか。

結論を言ってしまえば、ガンジーの非暴力主義も、ただふんわりと人が集いデモをおこない、勝利を勝ち得たという話ではない。権力者に対峙する際には、死を賭してでも非暴力的に抵抗をするというものである。そしてそこにはかなり宗教的な意味合いが含まれており、カルト的ですらある（だからダメだというわけではない）。また、ガンジーの非暴力的抵抗〝だけ〟が勝利に貢献したわけではない。そう、南アフリカと同様に、インドにも暴力的な抵抗運動もあれば非暴力的な抵抗運動もあり、さまざまなレイヤーがあったのだ。

ガンジーの非暴力的抵抗

インド独立の要因は、外的なものと内的なものがある。外的なものとは、イギリスの戦争である。ピーター・ゲルダルースによれば、インド独立はイギリス軍がインドに十分な戦力を投入できなかったことが原因だった[*24]。第二次世界大戦や中東の独立問題によって、イギリス軍の主な派遣先は次第にインドから移り変わっていった。現在では世界一の人口を誇るインドであるが、当時も三億人以上の人々が住んでいた。いくら世界最強レベルの軍隊を持つイギリス軍であったとしても、この人口を統治するのにはかなりの労力が必要だ。だから撤退したと見るのが、外的要因である。

一方の内的要因は、イギリスに抵抗していたのはガンジーだけではないということだ。当た

1-13 マハトマ・ガンジー

り前のことだが、人口が三億人もいれば抵抗運動にもかなりのレイヤーが存在していた。ガンジーは非暴力で抵抗したが、多くの人たちはそれで何も変化がないことに対して失望した。そこにシャヒード・バガット・シン、スバス・チャンドラ・ボースなど数多くの反体制派が登場し、多くの支持を集めたのだ。なかでもバガット・シンはガンジーに負けず劣らずの支持を得ていた革命家だ。イギリスからもたらされた資本主義にも、インドで立ち上がっていた資本主義にも抵抗し、インドの独立を目指したのである。獄中でハンガー・ストライキを実行し、イギリスの治安当局によって処刑された彼の人生は、インドの青年たちを目覚めさせた。武装闘争を繰り広げていたチャンドラ・ボースも国民会議の議長に二度も選出されていた。こうした流れが、イギリスの脅威となっていったのも事実だ。ガンジーだけがインド独立を進めたわけではないのだ。

また、ガンジーはインドのためであれば戦争を肯定していた側面もある。南アフリカでオランダ系アフリカ人（ボーア人とも呼ばれる）がイギリスによる併合に抵抗し戦争となった際に、ガンジーは従軍し、衛生兵として戦った。その理由として、「臣民の義務」ということを述べていた。つまりインド人の地位向上のためなら、他国の他の民族への戦争はやむをえないというわけだ。なんだかガンジーがダメなやつだったと言いたいような感じになってきたが、そういうつもりはない（ガンジーには他にも女性問題などがあるが、ここでは割愛する）。こうした経験を踏まえた上で、ガンジーは〈戦略〉的かつ宗教的な判断から、非暴力直接行動を提唱していたのだ。もっと言えば、ガンジーのもののみではなくさまざまな抵抗運動が、それもガンジー以上に支持された多くの運動があったからこそ、インド独立への道が切り拓かれたのである。

キング牧師とマルコムXの非暴力的抵抗

最後に、キング牧師とマルコムXの非暴力的抵抗について見てみよう。両者ともにアメリカ公民権運動の時代に闘争をした偉大な活動家だ。よく言われるのは、キングは非暴力的で、マルコムXは暴力的だという区分けである。そろそろお察しかと思うが、これも嘘である。

キングが主導していた有名な「貧者の行進」は、黒人の公民権の要求のみならず貧困層の社会権の要求でもあり、単にレイシズムを問題視していたものではなかった。いまで言うインターセクショナルなものであり、[*25] 非暴力的だからこそ数多くの人々が賛同し立ち上がったもので、そもそも「仕事と自由のためのワシントン行進」が正式名称であった。そんなキングは、ガンジーから影響を受けた節がある。ガンジーの非暴力主義こそ「道徳的にも実際的にも健全な方法[*26]」と述べている。しかし、キングは非暴力的抵抗運動を訴えていたものの、自身は自宅に防

1-14 キング牧師

衛のための銃を置いていたし、彼のボディガードは武装をしていた事実がある。チャールズ・E・コブ・ジュニアによれば、学生非暴力調整委員会（SNCC）は、公民権運動が武装することで守られてきたのだということを明らかにしている。[*27] 非暴力的抵抗を訴えながらも、武器を手に取って護衛していなければ、警察だけでなく、人種差別主義者どもから襲撃を受けまくった可能性はおおいにある。非暴力直接行動がうまくいったのは、暴力的な防御あってこそと言えるだろう。キングが投獄された後、公民権運動の参加者たちは石や瓶を投げて抵抗したという事実もある。こうした状況を弾圧するためにKKKなどのクズどもは爆弾を投げつけてきたし、それに対抗するように暴動に発展した経緯もある。こうした展開の末、「どう足掻《あが》いても誰も止めることができない」という状況になって初めて、一九六四年と一九六八年にそれぞれケネディとジョンソンらによって公民権法が成立した。つまり、暴力と非暴力が混ざり合った緊張状態のなかで、国家に公民権を認めさせたというのが事実なのだ。

一方で、公民権運動において、暴力をちらつかせることで敵を脅かした人物として有名なのは、マルコムXだ。「どう足掻いても誰も止めることができない」という状況の際、公民権法案を通さなければ、民衆はマルコムXに従うようになるのではないか？　という進言が政府内で出されたという。[*28]このころのマルコムXは一貫して、暴力をちらつかせながら言論活動を展開していた。彼自身は暴力的抵抗はおこなっていないが、抵抗のなんたるかに精通していたと言ってもいいだろう。

> もし非暴力が暴力を避けることを目的として、アメリカ黒人の問題の解決を遅らせるだけならば、私は暴力に賛成である。もし非暴力が解決を遅らせるだけのものなら、私はそれにくみしない。私にとって遅れる解決とは無解決のことだ。[*29]

たしかに暴力「的」ではあるが、こう述べつつも、マルコムX自身は実際に暴力的抵抗をおこなったことは一度もない。とはいえ、マルコムXは非暴力的抵抗を全否定しているわけでもない。暴力的であれ、非暴力的であれ、〈戦術〉として、あるいは〈戦略〉として、やれることをそれぞれがやればいいのだということを、彼は再三にわたって述べている。

また、マルコムXの言説は、より思想的に捉えることも可能だ。つまり、暴力を「潜在的な力」として考えていた節があるからだ。潜在性と顕在性という区分けがあるとして、潜在的な力が顕在化すると、それは物理的な暴力になるかもしれないし、ならないかもしれない。しか

1-15 マルコムX

し「潜在的に力を有しているのだ」と示すことで、ある種の力の誇示として機能する。マイケル・ハートいわく、マルコムXにおいて「問いは、愛か憎しみかでも、暴力か非暴力かでもなく、力という観点から提起された[*30]」（筆者訳）。そう、ソレルの言うヴィオランスとしての暴力だ。ヴィオランスは、抵抗の際に物理的な暴力的抵抗に発展するかもしれないし、非暴力的抵抗として実現するかもしれない。非暴力／暴力に二分化される以前の、力能としての暴力だ。そのときの暴力に込められた意味とは、黒人が常に白人に差別され、虐げられ、殴られ、殺されてきたことに対して、抵抗へと向かわざるをえない憤怒などの情念であり、力なのだ。

マルコムXはもともとハスラーであり、常に相手の顔色や機微を窺い、ゲットーを勝ち上がってきた人だ。そこでも力の兆候を読み解く能力、顕在化する前の潜在的な力を読み解くことが常態であったことだろう。これはまさに不可視の領域、つまり「潜在的な（暴）力」の領域での抗争を生きてきたマルコムXの思想とも言える。

非暴力と暴力はセットである

ここまで見てきたように、非暴力的抵抗も暴力的抵抗もないまぜであり、何が成功しないのかは結果論でしかない。もちろん、〈戦略〉・〈戦術〉としても、双方ともに必要である。どちらかだけで成功するかなどという線引きはナンセンスでしかない。またほとんどの場合、非暴力的抵抗も暴力的抵抗も、それぞれの緊張感・結託・乖離《かいり》なども含めて、セットで語られなければならない。チェノウェスらのように、非暴力一辺倒に語られるべきことではない。〈文脈〉や〈状況〉はそれぞれに異なり、すべてが固有な闘争でしかない。歴史や思想は固有でしかないのと同じように、抵抗運動も固有でしかない。

もちろん、非暴力のみを実践して勝つに越したことはない。しかし、いま日本に膾炙《かいしゃ》している非暴力的抵抗のイメージは、ふんわりとした平和なデモか交渉なのではないか。はっきり言おう。そんなもので勝てはしない。歴史上の非暴力的抵抗は、ヒエラルキーの上にいる、力の非対称な相手からの暴力（投獄や死）を受けるかもしれない状況でおこなわれている。フランス革命は非暴力で勝てたのだろうか。ロシア革命は非暴力で勝てたのだろうか。キューバ革命は非暴力で勝てたのだろうか。もしかしたら奇跡的に、暴力なしで勝てたかもしれない。しかし、抵抗を暴力／非暴力に腑分けし、非暴力だけを成功例と見做し、しかもふんわりした抵抗のみで勝てるのならば、なぜここまで世界は最悪なのか。ヒエラルキーの上位をビビらせることのない抵抗で喜ぶのは誰か。答えは簡単だ。ヒエラルキーの上位なのだ。

第二章　支配・搾取する、上からの暴力

構造的暴力とはなにか？

個人と構造

この章では、やたらめったら私たちを苦しめるヒエラルキーの「上からの暴力」を見ていこう。嫌な気持ちになってくるかもしれないけれども、目を塞いではならない事実だ。だから、がんばってちょっと向き合ってみよう。

さて、「構造的暴力」という言葉がある。目に見えてわかりやすい物理的な暴力だけではなく、ヒエラルキーがあり、そのヒエラルキーによって、私たちに物理的にであれ、精神的にであれ、行使されている暴力のことだ。レベッカ・ソルニットという人がこんなことを述べている。

あなたが貧しければ、人をあやめる手段は昔ながらの方法にかぎられる。ローテクの暴力とも呼ぶべき、素手や、ナイフや、こん棒。または近代的な手道具（拳銃や自動車）を使った暴力もある。けれども、あなたがとてつもなく裕福ならば、産業規模の暴力を行使できるので、みずから肉体労働をする必要がない。たとえば、いずれ倒壊をまぬがれぬつくりの労働搾取工場をバングラデシュに建て、歴史上のどんな大量殺人犯が直接手をくだしたよりも多くの人を殺すことができる。あるいは、リスクと利益を計算した上で、毒物や危険な機械を世に送り出せる――メーカー各社が日々やっているように。あなたが一国の長ならば宣戦布告して、一〇万、一〇〇万の単位で人を殺すこともできる。（中略）だが、暴力が語られるとき、話題になるのはほとんど常に下からの暴力であって、上からの暴力ではない。（中略）いかなる場においても、権力を持たぬ者たちの直接的暴力ではなく、産業規模の構造的暴力に目を向ける必要がある。[*31]（筆者訳）

ここで語られているようなローテクの暴力は、主に人対人で行使される。これは「個人的暴力」と呼ばれる。これとは異なり、産業規模や国家規模で、ヒエラルキーの上位にいる組織体が、直接的であれ、間接的であれ、ヒエラルキーの下位にいる者へと力を行使すること。これが「構造的暴力」である。この定義はヨハン・ガルトゥングという人によるものだ。ガルトゥングによる厳密な定義は、本人がいろいろな所で書いており、細かいところではじつはツッコミも入れやすいのでここでは割愛する。いずれにせよ、ヒエラルキーの上位から下位へと働きかける力が構造的暴力としてこの世には存在している、と理解してくれればよい。[*32]一応、補足しておくと、ガルトゥングは個人的暴力と構造的暴力を別個のものとして区別しているのだが、例外も考えられる。たとえば、ストリートファイトの際に、相手の社会的地位や見た目の強さ、声の大きさなど、構造的暴力と言えるようなものも生じると思われる。相手が企業や国家などの組織体でなくとも、「やばい、こっちの方が弱いかも」と思わせるような、ある種のヒエラルキーが生じるのではないか。とはいえ、構造的暴力という言葉は便利なので、喜んで借用しよう。

日本に戸田三三冬《とだみさと》という、アナキズムと平和学を研究していた人がいた。この人による構造的暴力の説明がわかりやすいので紹介しよう。[*33] 一人の夫が彼の妻を殴ったら個人的暴力だが、一〇〇万人の夫が一〇〇万人の妻を無知な状態のまま放置しておいたら、構造的暴力なのだ、と彼女は述べた。夫から妻への家庭内暴力については、一見個人的暴力にも見えるが、家父長制社会（男性が支配的で特権的な地位を占める社会）という構造的暴力の問題でもあるとも語っている。「社会的に有利な立場に立っている人びとが、意識的にか、無意識的にか、共同してふるっている目に見えない暴力で、私たちも生活する上で知らず知らずの間に、それに加担させられてしまう」[*34] ものだ。家父長制なんてものは、そもそも暴力なのだ。このほかにも戸田は、環境問題でも、企業や政府が患者を生み出していったことは構造的暴力であるし、経済格差や植民地収奪、社会的差別なども世界的に構造的暴力が生産された帰結であると述べている。

それでは、もう少し具体的に構造的暴力を見ていこう。

構造的暴力① 九・一一における脅威

第一章で〈文脈〉と〈状況〉という概念を紹介したマスミを覚えているだろうか？ ここでは、マスミに再び登場を願いつつ、構造的暴力がそこかしこに偏在している点に迫ってみよう。

マスミは、九・一一のあとにアメリカで導入された、色別にテロの危険度を示す「国家テロ警報システム」に着目して、「恐怖」が「脅威」に至る過程を四つに分類した[*35]。恐怖とはすでに起きた出来事に対する恐れである。脅威とは、出来事だけでなく、それに結び付けられたものに対する恐れである。九・一一のあと、アメリカの人々は「またいつどこでテロリストに襲われて殺されるのかわからない」と恐怖と脅威が増長していた。

まず、災害やテロなどのパニック時、民衆はどうにか生きるために、相互扶助の精神を発動させて助け合ったりする。このように、ひとまず事実ベースで生じた恐怖に応じて、民衆が行動している状態を、第一段階としてマスミは設定する。

一方で国家は、騒ぎに乗じて、矢継ぎ早に民衆の管理体制を強化し、助けるどころか脅威を生み出す。この脅威という言葉について、社会学者の伊藤守《いとうまもる》は「脅威とは不確定なものであり、そうであるが故に脅威なのだ」と述べている[*36]。つまり、怖いから怖い、というバカみたいな状況へとアメリカの権力機構は陥り、パニックを煽り、その間隙をぬって民衆への権力の介入を可能にしてしまった。厳しくなった管理体制のなかで、民衆は「一度起きた恐怖の出来事

❶事実への恐怖	災害やテロなど、実際に起きた出来事に対処する
❷恐怖の恐怖 **（脅威の発生）**	実際に起きた出来事がまた起こるのではないかと恐れる
❸恐怖と記号の結合 **（脅威の増加）**	出来事に結び付いた記号を恐れる（例：アラブ系、ムスリム、黒人など）
❹恐怖と情動の結合 **（脅威の最大化）**	出来事に結び付いた記号に、情動的に反応・行動し、暴力をふるう

2-1 恐怖が脅威に転じる四段階

がまた起こるのではないか」と恐怖するようになる。これを、「恐怖の恐怖」「恐れそれ自体の恐れ」としてマスミは語る。このとき、アメリカでは警報システムの色が「黄色」から「赤色」へと変更され、さらなる脅威を煽っていく。これが第二段階だ。

ここまでくれば、恐怖に便乗した国家権力は民衆を容易に管理し、縛り上げることが可能になってしまう。マスミは、この恐怖自体が次第に自立した暴力装置として展開していくと述べている。実際に、九・一一以降のアメリカでは、ちょっとでも怪しいと権力側が認定すれば、どんな人でも即座に取り締まられるようになってしまった（とくにアラブ系）。なんの罪もおかしていないのに、それを見ている民衆も「アラブ系だから仕方ないね」と、〝思い込む〟ようになる。本書でも先に述べたように、「暴力はいけません」という暴力が蔓延するようになってくる。これが、恐怖が「アラブ系」「ムスリム」などの記号と結びつく第三段階である。

ここまで来たら、人々はアラブ系の人を無意識に避けるようになるかもしれない。あるいはアメリカの警察権力がずっとそう刷り込んでいるように、「黒人」というだけで犯罪者予備軍のレッテルを貼られてしまうようになる。無実であるにもかかわらず、首を膝で締め付けられて息ができずに殺されてしまうようなことが起きる。恐怖と記号と情動が一緒になり、ただの懸念が、身体的な振る舞いや暴力に密接に結びつくのが、第四段階である。

第一段階では事実に基づいていた恐怖が、第二段階では次第に蔓延していき、第三段階では記号と結びつき、第四段階では情動に結びつく。

これは外国のお話かと思いきや、そんなことはない。日本でもコロナ禍にクソダサい上になんの効果もない「東京アラート」とかいう謎の発令が（選挙前に目立つためだけに）小池百合子《こいけゆりこ》によって導入された。そしてマスクしている／していないという人々への差別が起き、はたまた県外者お断りなんていう飲み屋も増え、予防接種をする／しない、あるいはした人／しない人の問題や、しまいには迷惑行為（マスクしていない人による迷惑もそうだし、マスクしている人に対する侮蔑など）にも及んだのは記憶に新しいのではないか。戦前には、もっとわかりやすい事例がある。関東大震災直後の虐殺である。

構造的暴力②　関東大震災における虐殺

「朝鮮人や共産主義者が井戸に毒を入れた」。関東大震災発生後、こんな流言飛語が流れた。これはマスミが言うところの第三段階で、恐怖が記号と結びついた状態である。この上で、自警団が朝鮮人をはじめとする在日の外国人たちを殺していったのが、情動と結びついた第四段階である。何がタチが悪いかというと、この流言飛語とそれに起因する虐殺事件のパニック状態は、ヒエラルキーによって可能になってしまったということだ[*37]。

一九二三年九月一日。マグニチュード七・九の巨大地震が関東・東海地方を襲った。死者数は一〇万人以上と言われており、首都機能も麻痺した。政府は九月七日に治安維持令を公布し、一一月一六日に戒厳令が解除されるまで、日本はパニックに陥った。アナキストの大杉栄《おおすぎさかえ》と伊《い》藤野枝《とうのえ》、甥の橘宗一《たちばなむねかず》が予防拘束と称して憲兵に捕らえられて殺される事件も起きた（甘粕事件）。社会主義者たちも混乱に乗じて警察によって殺されたりもした（亀戸事件）。それだけではない。アナキストの金子文子《かねこふみこ》と朴烈《パクヨル》らも予防拘束と称されて捕らえられた結果、死刑判決が下された。そしてこの間、一〇〇〇人を超える朝鮮系の人々が殺された。流言飛語という言葉の暴力にはじまり、虐殺という物理的暴力に至ってしまったのが朝鮮人虐殺事件である。

流言飛語が自警団をここまで動かしめたのには二つ理由がある。

一つ目は、マスミの言う脅威の発展である。震災という異常事態に対処しようとした（恐怖の第一段階）が、まだ起きていない惨事を恐れる（恐怖の第二段階）あまりに、流言飛語（恐怖の第三段階）を経て、虐殺（恐怖の第四段階）へと発展していったという流れだ。

二つ目の理由は、第三段階の流言飛語が、国家によってもたらされたという事実である。歴史的事実としては、この流言飛語は政府が先か民衆が先かは明確には不明であるが、この流言飛語の信憑性を高め、拡散させたのは警察・軍・内務省、そして報道各社である[*38]。この流言飛語を口実に政府は戒厳令を出したわけだし、警察自体も流言飛語を事実だと広め、それにのっとって報道各社も広めてしまった。しかし、朝鮮人による暴動が起こった確証を警察はつかむことはできておらず「総て虚報」であるという確認がされている。にもかかわらず、朝鮮人への虐殺は広がり、その事態については警察も認めるところとなった。当時の衆議院議会でこのことを問題視した永《なが》井《い》柳《りゅう》太《た》郎《ろう》という議員は、すべての責任は時の山本《やまもと》内閣内務大臣・水《みず》野《の》錬《れん》太《た》郎《ろう》にあると糾弾した。この流言飛語は水野によって拡散されたと言われており、その動機においては水野自身の経験が大きかったとされる。

水野は内務大臣に就く前の原《はら》内閣時代に朝鮮総督府の政務総監としてソウルにいた。そこで彼は、とある事案に対応していた。それが三・一運動だ。三・一運動とは、表向きは宗教指導者たちが立ち上がり、朝鮮独立・民族自決を求めた運動である。しかし実際は、こうした宗教者たちの生ぬるいデモに飽き足らず、多くの民衆が立ち上がり、日本政府打倒のラディカルな運動となっていった。こうしたなか、朝鮮総督府（日本政府側）は、憲兵や警察官、そして軍隊を派遣し、物理的暴力のかぎりを尽くして鎮圧を試みた。植民地で植民者は常に暴力をふるう。第一章で紹介したファノンがアルジェリアで経験してきたことは、朝鮮半島で朝鮮人たちが経験してきたことでもあった。この三・一運動での死者数は七〇〇〇人以上とも言われている。この殺戮を指揮していた一人が水野だった。革命を防ぐため、ヒエラルキーの上位である植民者という立場から暴力のかぎりを尽くした。これは、日本の植民者にとっては恐怖の裏返しでもあるだろう。この経験から、水野らは関東大震災直後に流言飛語を拡散した。流言飛語は、政府筋から警察へと伝播し、これに時の警察№2だった正力松《しょうりきまつ》太郎《たろう》がお墨付きを与え、警察や軍隊は率先して朝鮮人を拘束し、殺していった。一方で警察が朝鮮人や社会主義者を匿ったりした事例もある。はたまた在郷軍人からなる自警団は、これまた率先して朝鮮人たちを殺しにかかり、また一方で朝鮮人たちを匿った民衆もいた。もう訳がわからない。パニック状態である。地震による恐怖、政府が機能していないが故の革命に対する恐怖、そして流言飛語という記号によって脅威が増殖され、最終段階では虐殺という情動の発露が生じたのだ。

　第一章で、ソレルの言うヴィオランスがマルコムXに至った道筋を確認したとおり、潜在的な力としての暴力は誰にでも偏在している。それが発露する際には、ヒエラルキーの上位に対する抵抗になることもあれば、ヒエラルキーの下位に対する弾圧に至る場合もある。関東大震災直後においては、政府による流言飛語によって民衆の暴力が刺激され、顕現した。その最たるものが朝鮮人虐殺事件である。これは昔話ではない。二〇二四年一月に能登半島地震が起きた際にも、SNS上では「被災地に外国人窃盗団が来ている」など、ヘイトに満ちた虚言が投稿され、拡散されていた。

そして、こうした混沌とした状況下においても、いや混沌とした状況下だからこそ、ヒエラルキー上位の者たちは、暴力をふるう機会を見つけ出すのだ。

ショック・ドクトリン

「ショック療法」と称した暴力

ミルトン・フリードマンという、新自由主義の権化とも言うべき経済学者がいた。端的に言えば私たち民衆の敵である。なぜ敵なのかといえば、九・一一や関東大震災のような恐怖が蔓延したパニック状態でも、カネ儲けを考えるプロだからだ（私のお上品な表現で言わせていただけるならば、クソ野郎である）。恐怖に便乗して、フリードマンのような一部のヒエラルキー上位の者が金を稼ぐやり方を、「ショック・ドクトリン」という。ナオミ・クラインという人が、これについてとてもいい本を書いているので、そのさわりをちょっと紹介したい。*39

2-2 ミルトン・フリードマン

一九七〇年、南米チリで世界で初めて民主的な選挙で社会主義政権が生まれた。大統領は、サルバドール・アジェンデ。しかし、これを嫌ったアメリカはチリの陸軍将校アウグスト・ピノチェトを援助し、一九七三年九月一一日にクーデターを起こさせる。結果、軍事独裁政権ができてしまった。その軍政下での経済政策を裏で指揮していたのが、フリードマンである。

そこでおこなわれていたことは、大変やばいものばかりだ。減税、自由貿易、年金や水資源の民営化、福祉・医療・教育の予算削減、そして規制緩和……。これらをすぐに実行するように、フリードマンやその弟子たちがピノチェト政権に伝えた。ここで何が重要かといえば「すぐに」という点である。クーデターが起きて何が何だかわからないうちにおこなうことで、大改革が実行しやすい。いきなり変わってしまえば、「ショック」のままなりふり構わずやれてしまう、というものだ。フリードマンは実際に「ショック療法」と名づけている。また、先ほど挙げた能登半島地震の際には、地震被害に対して後手後手の対応をとりながら、岸田は「憲法改正の実現に向けた最大限の取り組みも必要」と宣った。お粗末すぎるが、これもある種のショック・ドクトリンである。これに加え、ピノチェト政権は軍事政権である。軍事力という暴力を政府が独裁的に有することができていた。だから、こうした大改革に反対する連中を片っ端から捕らえて牢獄へぶち込み、拷問などの暴力で脅かし、物理的な意味でもショックを与え続けていった。

新自由主義（私はネオリベと呼んでいる）とは、フリードリヒ・ハイエクなどの経済学者が述べた政治・経済学上の議論である。経済学上のみの用語だと思われがちだが、「世の中はこうあるべし」という理想が前提としてあり、その実現方法として経済が使われる。その理想とは、いわゆる小さな政府というやつであり、ヒエラルキー上位の人々の自由を最大化しようとする思想だ。そのために、ヒエラルキー下位の抵抗を阻止しようと経済的な攻撃をおこなう。貧すれば鈍するというやつだ。下層の連中に煩わされたくない。だったら、下層からカネを巻き上げて、黙らせればよい。こんなハイエクの議論を忠実に守り、それどころかさらに拡大させ、現在の経済思想に大きな影響を与えたのが、フリードマンである。

フリードマンはシカゴ大学の経済学部、かの有名なシカゴ学派のボスみたいなやつだ。フリードマン以前にもシカゴ学派はあったが、決して経済学においてメインストリームというわけではなかった。マルクス主義経済学もあれば、ケインズ学派などもあり、経済学は多様に研究されていた。フリードマンの師匠筋にあたるハイエクやフランク・ナイトは、そうした多様な経済理論がある状況に断固反対し、一つのシステム、あるいは「科学としての経済学」という立場を求めていくようになっていた。つまり、「経済学者は科学者であり、考えたとおりのことが現実でも可能になる」と考えるような立場だ。

ミルトン・フリードマンという男

こうした経済思想には、フリードマンの幼少期の記憶・経験も影響しているようだ。フリードマンの父親は縫製工場を買い取って経営していたのだが、当時は労働組合が強い時代。労働者がフリードマンの父にガンガン楯突いて、父の工場は倒産してしまった。フリードマンは「労働組合なんてもののせいで、自分の父が経営難に陥り、家計が傾いた」と考えるようになったのかもしれない。大人になって地位を得た彼は、この「恐怖」を解消するのではなく、来るべき「脅威」を解消しようとして、世界の経済に口出しをするようになったのだろう。その際のフリードマンの目線は、もちろん労働者目線ではない。そう、経営者目線である。これは父親が経営者だったこととも関係しているかもしれない。労働者のための経済学ではなく、経営者のための経済学、それもヒエラルキーの上位に立つもののための経済学をつくっていった。

では、どのようにしてフリードマンはチリの経済政策に口を出すようになっていったのか。ピノチェト軍政以前、チリは景気がよくなっていた。新自由主義経済ではなく、開発主義経済学が南米では主流だったのだ。開発主義経済とは、国家が率先してその国の経済体制を構築していくものだ。重厚長大な産業に国家規模で資本を投下することで、大きな利益をもたらそうとする。この場合、農業などの第一次産業よりも利益が多く見込まれる第二次産業、具体的には鉄鋼業とかの工場を国家主導でつくっていくことになる。多くの発展途上国の場合、その国の伝統的な産業に従事する人々が多いため、カネが稼ぎにくい。だから国家規模で近代的な産業をつくり上げて、みんなで一気に稼ぎましょうというものだ。もちろん開発主義としていろいろ問題はあるのだが、少なくとも経営者目線ではない。チリにおいても開発主義経済は格差の是正をおこなうべく、公的資金を財政出動させ、高速道路や工場、公立大学をつくり、関税をかけて国内の内需を創出し、医療の無償化を実施していった。当時のシカゴ学派とアメリカの経営者たちは、苦々しい思いでこの成り行きを見ていたことだろう。そこで、シカゴ学派フリードマンの暗躍がはじまる。経営者たちとネットワークをつくり出し、国家や労働者のためではなく、経営者たちのための経済学を矢継ぎ早に提言していった。一九六二年のフリードマンの著書『資本主義と自由』は、新自由主義がフルスロットルの内容で、経営者たちにカネの稼ぎ方を伝えている。その内容をざっくりまとめれば、国家による規制の撤廃、ほとんどの部門の民営化、国家予算の削減、の三点である。これによって、労働者の自由ではなく、経営者の自由を担保する仕組みをつくっていった。医療も郵便も教育も年金も全部民営化。労働力だって市場の決定に委ねましょう、税金は安くしましょう……。

また、小さな政府を標榜する新自由主義とて、政府は何もしないわけではない。小さな政府のトップに君臨する人々とて、稼ぎたい。国家があるならそれを使わない手はない。だけど、莫大な資本の投下はしたくない。簡単に稼げる方法はないか……そう、経営者たちとタッグを組めばいい。カネを稼ぐプロである経営者たちのサポートをすれば、大規模な資本投下などせずとも、カネは稼げるではないか。サポートする代わりに経営者たちは政府を支えて、選挙にも勝たせてくれる。権力もカネも貰えて一石二鳥。最小限の動きでどう経営者たちのサポートをするべきか……。このように、このころは経営者のみならず国家までもがフリードマンの味方になっていたのだ。南米やいわゆる第三世界に進出していたアメリカやイギリスの経営者たちは当地の開発主義経済の政策下で、どんどん稼ぎが少なくなっていった。そこでアメリカの経営者たちは、企業を保護しない国家に文句を言うようになる。そして、国家も藁《わら》にもすがる気持ちでフリードマンの理論に寄りかかっていったのだ。

チリ・クーデターへ

それでは、自国企業のためにアメリカはなにをすべきか。チリなどの諸外国の経済政策を、開発主義から新自由主義に変えてしまえばよい。ただ、内政干渉にならないように、である。そこで、かなり姑息な方法を用いた。それは、学習意欲に満ちたチリなどの学生をシカゴ大学に招き、フリードマンらのもとで（のみ）教育を受けさせるというやり方だ。勉学へのやる気に満ちている学生が、「無料でアメリカ留学に行けるよ」と言われたら、そりゃ行ってしまうだろう。各国の優秀な学生を集めて、フリードマンのもとに送り込み、ネオリベ経済学者を養成してしまおうという作戦だ。そして立派なネオリベ経済学者になったら、本国に戻り、国家の中枢を担って、大学でフリードマン的な経済学を広めてもらうわけだ。なんだか宗教の勧誘と伝播にそっくりである。フォードやらJ・P・モルガンやらアメリカの大企業がこぞって、このネオリベ経済学者養成プログラムに予算を出した。シカゴ大学に留学しても、フリードマンのところ以外は認めない、というところも恐ろしい。フリードマンは学生たちの博士論文で開発主義の愚かさを指摘させたり、いかにネオリベ・モデルがすごいかを研究させたりした。そして学生たちはシカゴ大学で博士号を取得し、本国に戻り、伝導者としてネオリベ経済学を広め、政府の中枢にも入っていく。しかし、まだ開発主義路線の国家が存在している。チリである。では、どうするか。国家転覆である。

一九七〇年にアジェンデ大統領の社会主義政権が誕生するが、時は冷戦時代。アメリカからすれば、社会主義国家などというものは、敵である。チリにある自国の資本が奪われるのではないかという恐れを抱いたアメリカ政府は、アジェンデ政権を打倒してくれそうな人々と接触を図った。それが軍部にいたピノチェトであった。ピノチェトにCIAが近づき、資金や武器

2-3 サルバドール・アジェンデ

2-4 アウグスト・ピノチェト

の供与、イデオロギー（フリードマン的な経済思想）をガンガン注入していった。一九七三年にピノチェトがクーデターを起こし、アジェンデを死に追いやった（殺された説もあるが、自殺らしい）。アジェンデだけではない。アジェンデ派と目される人々は逮捕され、強制収容所に送られ、拷問、ないし殺されていった。一晩で二〇〇〇人以上の人々が殺されたという記述もある。この間のことに関しては、ガルシア＝マルケスの『戒厳令下チリ潜入記』（岩波新書）にくわしい。ネオリベはやることがえぐい。

当時、チリにはアメリカの企業が五〇〇〇社以上進出していたと言われている。そこで莫大な収益を得ていたものの、アジェンデによって多くの部門が国有化されたことで、その多くが危機に瀕した。そこで、フリードマン派がいたチリのカトリック大学が中心となり、反アジェンデ組織をつくっていった。その予算の八割近くがCIAからの資金提供だったようだ。チリ・クーデターは、ピノチェトら軍部のクーデターと言われているが、実際はアメリカの国家中枢（とくにニクソン）や経営者、そしてフリードマンの弟子たちがかなりの青写真をつくっていたようだ（五〇〇ページにもわたる「バイブル」があったとも言われている）。

教育現場におけるショック・ドクトリン

世界中で、軍事政権のみならず、自由と民主主義なるものを標榜する各国政府もこうしたショック・ドクトリンを模倣していった。ヒエラルキーの上位の連中はショックを民衆に与え、甘い蜜を吸い続けている。フリードマンは死ぬ直前までこの手の政策や進言をした。実際にピノチェトが政権を握り、減税、自由貿易、民営化、福祉・医療・教育の予算削減、規制緩和というフリードマン型の経済政策が実行され、国家の中枢の人間と、経営者たちは潤い、民衆は貧困に喘ぎ、格差がとんでもなく広まってしまった。これは過去の話ではない。最近でもフリードマン的な経済政策が跳梁跋扈《ちょうりょうばっこ》していた例を見てみよう。

フリードマンが死ぬ一年くらい前の二〇〇五年八月、ハリケーン「カトリーナ」がアメリカ南部のニューオーリンズの町を襲った。暴風雨であらゆるものが破壊され、大量の雨のせいで町のほとんどが水没した。何もかもがメチャメチャである。もちろん、そこでも相互扶助的な共同体が立ち上がり、食事の配給など被災者支援の輪を広げ、みんなでなんとか生き抜こうと必死であった。このショック状態に対して、フリードマンはこう述べている。

ハリケーンはニューオーリンズのほとんどの学校、そして通学児童の家々を破壊し、今や児童生徒たちも各地へと散り散りになってしまった。まさに悲劇と言うしかない。だが、これは教育システムを抜本的に改良するには絶好の機会でもある。*40

一見よいことを言っているように思えるが、これに騙されてはならない。こう言って、フリードマンは抜本的な改悪案を出し、採用されてしまったのだ。どういうものかといえば、学校運営に競争原理を持ち込むものだ。公的資金で一応学校は再建されたのだが、そのあとに民間団体が運営を「サポート」することで、事実上私学化されてしまった。つまり、カネがある家庭しか子どもに教育を受けさせることができなくなったのだ。そもそもニューオーリンズには一二三の公立学校があったのだが、このショック・ドクトリンの影響で、現在の公立学校は四校のみ。そして三一校の民間運営の学校ができた。これによって、以前に働いていた教師、それも教職員組合に入っていた者から率先して解雇された。また、以前はかろうじて質の高い少人数教育をおこなえていた学校もマンモス校となりはて、少人数教育はカネ持ちの子どもたちしか受けられなくなってしまった。メディアもメディアである。「ハリケーン以降のニューオーリンズの教育現場は実験的で素晴らしい」という報道が相次いだ。しかし実際は、「素晴らしい」教育がおこなわれているのは言うまでもなく、一部のカネ持ち学校のみだ。ほとんどの学校では予算もなく、子どもたちが抱える貧困やいじめ、喧嘩などの問題も解消できず、現場にいる教師は疲弊している。

これは対岸の火事ではない。昨今の大阪府の教育現場でも、似たようなことを聞く。私学化までいかないにせよ、政治家たちが自ら公務員バッシングを煽り、予算を削減し、それによって教育現場が疲弊し、大阪府で教師になりたい人たちが激減した。予算不足と教員不足で大阪府の教師たちは大変な目に遭っている（し、その弊害は当然のように子どもたちにも向かってしまっている）。

廃絶運動

産獄複合体

民営化の問題点は、ただ競争させてこの世を悪くしているだけにとどまらない。国家と結託しながら、民間に暴力的な企業をのさばらせてもいるのだ。

イギリスにG4Sという警備会社がある。世界最大の警備保障会社である。民間の軍事部門もあり、アメリカが二〇〇一年以降展開した自称「対テロ戦争」で急成長した会社でもある。二〇二〇年時点では、ウォルマートに次いで、世界で二番目に多い従業員数を誇る企業である。軍事や警備、保障サービスだけでなく、教育にも携わり、性的虐待や薬物乱用といった社会問題にも対応したサービスも展開し、「安全（セキュリティ）」全般を担う会社だ。本書では、主に世界中の刑務所の運営にも関わっているという点について取り上げる。

アンジェラ・デイヴィスという哲学者がいる。アンジェラはG4Sについてこう述べている。

同社のウェブサイトには「皆さんの気づかないさまざまなところで、G4Sは皆さんの世界の安全を確保しています」と書かれています。私たちの気づかないところで――パレスチナが経験する政治犯収監と拷問から人種差別的な分離と隔離政策のテクノロジー、またイスラエルの分離壁から、アメリカのまるで刑務所のような学校、アメリカとメキシコの国境沿いの壁に至るまで――G4Sは私たちの生活の中に安心と国家安全保障を装って入り込んでいることを付け加えておきましょう、抑留者の中に子どもを含む「イスラエルの」ハシャロン刑務所や、女性が収容されているダムン刑務所に精緻な管理テクノロジーを導入したのはG4Sイスラエル社です。*41（筆者訳）

アンジェラ・デイヴィスは長年にわたり刑務所の廃絶運動に取り組んできた哲学者・活動家である。どんな活動の軌跡があったのかはのちに見るとして、先に刑務所の有様について見ていこう。

まず、二〇二〇年の報告によれば、全世界で一一〇〇万人以上の人々が刑務所や拘置施設に収容されているが、そのうち二一〇万人はアメリカ内の人数である。[*42] いくらなんでも多過ぎないか。いや、どう考えてもおかしい。アンジェラが運動に参加した一九六〇年代当時、監獄に収容されている人々の数は二〇万人に満たなかった。よく知られているように、凶悪犯罪が増えたわけでもないのに、なぜ監獄が増え、収容される人が増えたのか。アンジェラの回答は明快だ。資本主義のせいである。監獄で囚人たちは主に何をして過ごすのかといえば、労働である。そもそも、「懲役〇〇年」と時間で計量される罪のあり方は、きわめて資本主義的でもある。E・P・トムソンという歴史学者によれば、資本主義の発達は時間、それも時計の広がりと軌を一にするものであった。[*43] もちろん、原始的な労働は太陽の運行とある程度同期しながらおこなわれるものであるが、日が昇っているうちに働く、くらいの素朴なものだったはずで、時計的な計量に基づいて働く必要はなかった。しかし、資本主義が発達、それも工場労働が展開されてくると、労働のあり方は激変する。労働者への管理体制が敷かれるようになり、時計の時間との合致が求められるようになってくる。そもそも人は、働くときには働くし、働かないときは働かないものである。しかし、常時管理されて働かされるという状況下で、資本主義が発達した。だから、二四時間監視されて、働きづめにされる監獄というのは、きわめて資本主義的な施設なのだ。これが、産業と監獄が複合した「産獄複合体」である。

もちろん、監獄だけでなく、病院や兵舎、工場や学校も同じだ。フーコー曰く、規律を与える場所としてこれらの場所が成立した。規律自体は昔からあるが、近代国家が誕生したことによって強化された。国家に資する人間を育成するため、規律を最大限与えることができる効率のよいシステムとして、さまざまな施設がつくられ、制度化されたのだ。フーコーは監獄の誕生と近代社会の誕生とは軌を一にしていると述べた。ひいては、資本主義と近代社会の合わせ技で、監獄（や病院など）が誕生したと言ってもいい。

「原材料」にされる収容者たち

G4Sに戻ろう。アンジェラが指摘していたように、イスラエルでは監獄で使用される機材の多くをG4Sが提供しており、監視カメラ、警棒、銃など多岐にわたる。また、イスラエルの警察本部への武器などの提供もおこなっている。いずれもパレスチナの人々を弾圧するための、ないし殺すための道具だ。他にも児童を収容する監獄の運営にもあたっており、児童労働や児童虐待が問題視されている。ここには、レイシズムの問題もある。イスラエルにおけるG4Sのビジネスは、明らかにパレスチナ人を虐殺・虐待・差別するという暴力構造を助長している。

これは、アメリカでも同様だ。アメリカの監獄にももちろんG4Sは入り込んでおり、主に黒人やプエルトリコ系など白人以外への差別を増幅させている。アンジェラは、そもそもはアメリカでの監獄廃絶運動に取り組んでいたのだが、ここまで述べてきたように、資本主義と近代化、そしてレイシズムという視点の諸問題（そしてアンジェラの場合はクィア研究における諸問題も含む）から、パレスチナ解放についても語るようになっていった。アンジェラはこのようにインターセクショナリティ概念を展開していき、多くの人がこの概念を知るきっかけにもなった。

加えて、イスラエルにおいては戦争という問題もある。根拠のない神話的な国家観からイスラエルという国家がつくられ、そのうえで資本主義（それも軍事資本主義）やレイシズムが密接になり、中東情勢の混乱を引き起こしている（後に見るように、中東ではイスラエルやアラブ諸国だけではなく、クルド系住民の問題もあるということもいまのうちに脳の片隅に置いておいてほしい）。こうした混乱を引き起こすのは、いつだって国家と資本主義、そして人種差別といった構造的な暴力であり、それらの暴力を顕在化させているのは、いつだって根拠のない神話なのである。

さて、もう少しアンジェラの記述を見てみよう。監獄が生む労働とは、どんなものだろうか。

2-5 アンジェラ・デイヴィス

いちばんわかりやすいのは、監獄でのほとんどの時間が費やされる「軽作業」だ。この作業によって、商品が生産される。また、監獄はこれとは別の商品も生んでいる。それは、収容者を窒息させずに一時的に視覚や聴覚を奪う気泡剤や、認証された所有者しか発射できないスマート銃など、監獄にいる人々を統治するための機材だ。これらは監獄の警備サイドからの要請を受けてつくられている。言い方を変えれば、収容者たちは「商品が使われる対象」として、商品の需要を生んでいるわけだ。これも、収容されている人たちの労働とみなすことができるだろう。わかりやすいものでたとえるとすれば、治験が挙げられる。日本では一般的に「なんとなく怖い高額バイト」としてよく知られているだろうが、治験は監獄でもおこなわれている。この場合、製薬企業は監獄のみならず、大学や医師などとも結託している。創薬の医療実験の治験者として、収容者が利用されるのだ。給与さえ支払われることもない、いわば強制的な人体実験だ。ある医学研究者からすれば、刑務所は「健康な類人猿のコロニー」であり、もっと密接に監獄ビジネスに関わっている会社は「囚人は原材料」なんて言い方もしている[*44]。ひどい話である。

さらにひどいのは、ビジネスで常態的に暴力にさらされているのみならず、監獄ではなんでもないときにすら暴力がふるわれるという点だ。

テキサス州には三四ヵ所の政府所有・民間経営監獄があり、五五〇〇人の州外の囚人が収監されている。これらの監獄は、テキサス州に年間八〇〇〇万ドルの収入をもたらしている。一つの劇的な事例が、テキサス州ヒューストンから四〇マイルにあるキャピタル更生リソース株式会社が運営を任されている政府所有ブラゾリア郡拘留センターで起こった。一九九七年八月、テレビの全国放送でブラゾリアの囚人が警察犬にかまれたり、看守に股間をけられ踏みつけられたりしているビデオ映像が流れ、この拘留センターは世間で一躍有名になった。このビデオでは、看守たちが囚人を床に這わせ、高圧電流スタンガンで傷めつけ、黒人のことを「ボーイ」と呼び、「もっと早く這って進め!」とどやしつけていた。[*45]

もはやビジネス形態の話でもなく、かといって構造的暴力の話でもなく、単に人の暴力性が顕在化される領域としての監獄の姿がここにある。昨今の日本の入管問題でもこれと似たような映像を見たことがある人もいるかもしれない。体調が悪いのに病院にも行かせてもらえず、医師も呼んでもらえない。怒鳴られ、黙らせるために物理的に拘束され、身体の自由を奪われる。そして何よりも、狭い部屋に閉じ込められるという、身体刑と同様の扱いをおこなうのが入管である。日本人ではないというだけで、人間ではないような扱いがなされてゆく。

アッティカ刑務所暴動

こうした剝き出しの暴力は、民営化監獄にはじまったことではない。アンジェラたちや、ともすればフーコーをも触発した事件がある。アッティカ刑務所暴動だ。

一九七一年九月九日から一三日にかけて、アメリカ・ニューヨーク州のアッティカ刑務所で、受刑者らが刑務所を占拠した。それに対する鎮圧という名目で、銃で武装した部隊が一斉射撃をおこない、刑務官や一般職員も含め、四三名が殺害され、八五名が負傷したのだ。ニューヨーク州の報告ではのちに「一九世紀末におこなわれたネイティヴ・アメリカンの虐待を除き、この四日間の刑務所暴動を終息させた州警察による強襲は、南北戦争以来アメリカ人の間で生じたもっとも血塗られた一日だった」とまで記述されているほどだ。当初、「反乱の原因は、非人間的で人種差別的な刑務所環境にあったが、その発端となった暴動は、看守と受刑者の間の特殊で例外的でない口論に端を発したという意味で、自然発生的なものだった」とされる。*46 過密な状態で収容された黒人とラテン系の受刑者たちは常に虐待を受けていた。看守全員が白人で、そのなかには白人至上主義のグループに属する看守もいた。そうしたなかにあって、受刑者たちは英語以外の手紙のやりとり、イスラム教の礼拝などが禁止された状態にあった。他にもシャワーを浴びられるのは週一回だけだったり、トイレットペーパーは月に一ロールのみだったりといった始末。洗濯労働も一日に三〇セントの賃金だけ。これは、奴隷である。受刑者たちは刑務所の待遇改善のために組織化し、裁判所などへ嘆願書を提出し続けた。

こうしたなかで、アンジェラ・デイヴィスの友人でもあったジョージ・ジャクソンが刑務所内で殺されるという事件があった。これを耳にしたアッティカ刑務所の囚人たち七〇〇名以上が、この事件に対する行動として、ハンガー・ストライキをはじめた。それでも事態は何も改善されず、先に引用したように「自然発生的」に囚人たちは暴れ出した。窓を割り、火をつけ、物資を確保した。マスミの言うように〈文脈〉から〈状況〉へと、あるいはフーコーや谷川が言うように〈戦略〉から〈戦術〉へと転換していったのだ。看守を人質にとり、待遇改善を訴えた。ここで受刑者たちは脱走をもくろんでいたのではなく、あくまで改善を求めていた。きわめて理性的な運動であったことは特筆に値する（とはいえ普段から受刑者たちに暴力をふるいまくっていた看守を一名殴打して殺してしまってはいるが）。受刑者たちは、五つの要求と、一五の具体的な提案を出した。もっとも強い要求は、「人間である」ということを認めさせることにあり、奴隷状態からの解放を求めていた。一五の提案のいくつかを紹介すると、刑務所内労働の賃金をニューヨーク州の最低賃金と同じにすること、宗教的自由を認めること、検閲の禁止、更生プログラムの創設などが盛り込まれていた。もちろんこの間の「暴動」なるものに対する恩赦も要求した。

交渉人も受刑者側から立てて、刑務所職員と交渉し、テレビメディアでも訴えた。しかし、時の大統領であったニクソンは他の受刑者への見せしめとして、この「暴動」の鎮圧を軍隊に要請。州知事であったロックフェラーの命令のもと、軍隊は二〇〇〇発以上の銃弾を撃ち、先に述べたように四三名を矢継ぎ早に虐殺していった。生き残った受刑者たちは裸にされ、性的暴行も受け、拷問を受けた*47。

このような凄惨な暴力が生まれた原因はなんだろうか。ヒエラルキーである。受刑者たちを、レイシズムという根拠のない前提からヒエラルキーの下位に置き、「犯罪者」というレッテルを貼って末端に置く。これに国家が便乗し、矢継ぎ早な殺戮を可能にした。そもそも犯罪とは、国家における「法維持の暴力」によって犯罪と見做されるものであり、法が異なれば、犯罪とはならない（近年の大麻の所持・使用に関する世界と日本の扱いを比較するとわかりやすいだろう）。さらに、なぜ受刑者たちが命がけで抵抗をせざるをえなかったのかという背景も考えなければならない。受刑者たちは、日々、虐待・いじめ・レイプ等々に苦しめられていた。有色人種という理由だけで犯罪をでっち上げられ、刑務所にぶち込まれた人々もいただろう。だからアンジェラ・デイヴィスやジョージ・ジャクソンは運動を展開していたのである。そう、監獄廃絶という運動を、だ。

アンジェラ・デイヴィスの闘い

「廃絶」と訳される〝abolition〟という言葉は、もともと「奴隷制度廃絶」を意味していた。ここには、レイシズムの問題が含まれている。ここにアンジェラらによって「監獄廃絶」の意味合いが付与されるようになった。さらにBLMの際には、警察機構に対してのみならず、レイシズムやイデオロギーによる制度全般に対して廃絶を訴えるという意味合いに膨らみ、この廃絶概念は広がっていった。

それでは、ヒエラルキーの上位からの暴力に抵抗する反暴力の好例として、廃絶運動の流れを細かく見ていこう。以下、とてもわかりやすい浅沼《あさぬま》による記述を参考にしている。*48

アンジェラ・デイヴィスは、フェミニズム・反レイシズム・反資本主義の哲学者である。一九四四年にアメリカのアラバマ州で生まれ育ったアンジェラは、有色人種に対する差別を経験しながらも、優秀な学業成績をおさめ、フランスやドイツに留学し、フランクフルト学派の哲学者マルクーゼに学び、フンボルト大学で博士号を得た。この間にアメリカ内では、ブラック・パンサー党が成立し、彼女もそのラディカルな思想に身を寄せていくようになった。ブラック・パンサー党はオークランドを中心に、国中に広がった黒人解放闘争である。警察が貧しいゲットーを愉快犯のように襲撃することから身を守るために、時に自衛のために武装もしていたグループだ。もちろんただ武装していたわけではない。貧しい子どもたちに無償で給食を分け与え、治療費無料の病院なども運営していた。本書でも登場したマルコムXやファノンの思想に影響を受け、七〇年代になると反戦闘争も展開した。このブラック・パンサー党にシンパシーを覚えたアンジェラは、この党での研究会で、ヨーロッパで学んできた最先端のマルクス主義を紹介し、議論を共有した。ちなみに、アンジェラは当時からすでに共産党員だったため、ブラック・パンサー党に入党することはなかったが、日本の学生運動のようなくだらない党派争いには至っていない。このころからブラック・パンサー党を通じて刑務所内の黒人受刑者の支援活動をおこなっていたアンジェラは、ブラック・パンサー党の党員でもあり活動家でもあった受刑者のジョージ・ジャクソンと交流を深めていた。また、カリフォルニア大学ロサンゼルス校哲学科の教員として就職もし、理論的にも実践的にもアンジェラは新たなものを練り上げていく時期にあった。

そうしたなか、である。ジョージ・ジャクソンの弟であるジョナサン・ジャクソンが、兄のジョージを助けるために裁判所を襲撃し、裁判官を含む四名が死んだ。ジョナサン自身も殺された。このとき、ジョナサンが持っていた銃の登録先がアンジェラの住所だった。これにより、

ＦＢＩのエドガー・フーヴァー長官の命令のもと、アンジェラは指名手配犯となった。浅沼の記述を引こう。

２ヶ月ほど逃亡しアメリカ国内を転々とするが、ニューヨークで逮捕され、アンジェラは16ヶ月という期間を拘置所で、しかも大半を独房で過ごす。この際、時のリチャード・ニクソン大統領は、「凶悪なテロリスト」を捕らえたＦＢＩを公に称賛している。だが、すでに自身が刑務所問題に取り組む活動家だった上に、目立つ存在となっていた彼女の解放を求める運動がアメリカ全土で捲き起こる。彼女を支援するためにジョン・レノンとオノ・ヨーコが「Angela」という曲を、ザ・ローリング・ストーンズが「Sweet Black Angel」という曲を作ったこと、さらに、アレサ・フランクリンが彼女の保釈金を払うと名乗り出たことなどは有名なエピソードである。世界中に「フリー・アンジェラ」運動が広がり、熱い注目を集める中行われた１９７２年の裁判は、とはいえ陪審員は全員白人、検察は三つの容疑すべてに対し極刑を求刑しており、この時代にあえて黒人の弁護団で挑んだ黒人容疑者に勝算のある状況ではなかった。有罪となれば死刑か、（ちょうど１９７２年にカリフォルニア州で死刑が違憲であるとの理由で一時的に中止されていたため）少なくとも無期懲役が待っていた。特に共謀罪で無罪を証明するのが極めて困難であったというが、この逆境において彼女はすべての容疑で無罪を勝ち取ったのだった。*49

アンジェラ自身も独房で過ごし、そこから無罪を勝ち取った闘志の持ち主だ。アンジェラは、ジョージ・ジャクソンの支援のために監獄の内情についてお互いに手紙をしたため、さらにはファノンなどの書籍を送るなどして、ジョージはアンジェラからかなりの影響を受けるようになっていった。*50

ジョージ・ジャクソンの闘い

ジョージ・ジャクソンは、一九四一年にシカゴのゲットーで生まれ育った、いわゆる不良であった。一五歳のときから悪さを発揮し、少年院や留置場にぶち込まれることがたびたびあった。一九六〇年のことだった。ガソリンスタンドから七〇ドルを奪った仲間の車を運転していた罪で懲役一年以上、あるいは終身刑（！）という、酷過ぎる不定期刑が科された。ソルダッド刑務所では、白人看守による有色人種に対する差別、虐待などが日常茶飯事であった。衛生状態も最悪で、そこら中に囚人たちの排泄物がこびりついていたり、裸にされたり、囚人間で人種的衝突をそそのかされて喧嘩をさせられ、懲罰が与えられていた。そうしたなかにありながら、ジョージはこの刑務所問題に目を向け、勉学に励み、看守としばしば議論し、刑務所内の改善を訴えていった。看守からすれば「口論」が生じた程度のものであったが、マルクス主義的なパンフレットを作成し革命を呼びかけるようになっていったジョージは、イデオロギー的にも看守からすれば敵であるし、邪魔くさい重要犯罪者であった。

一九七〇年のある日、刑務所内で事件が起きた。看守が受刑者の喧嘩（それも先に述べたように、わざと人種間対立を煽るような状況を看守が用意して眺めていたようだ）から発砲し、黒人の受刑者三名が殺され、白人の受刑者一名が負傷した。これは裁判になったものの、判決は看守による「正当な殺人」であった（このように、法とは暴力である）。その判決ののち、ジョージが収監されていた建物で、一人の看守が殺されているのが発見された。いかんせん刑務所内の出来事であり、真相はわからないことだらけだが、この看守を殺した人物のリストにジョージが含まれ、三名が告発される。常に刑務所内犯罪者として目をつけられていたジョージへのさらなる懲罰だった感は否めない。このジョージらを助けるべく、ソルダッド救済委員会が結成され、そこにアンジェラも支持者として参加していた。この間、弟のジョナサンも何度も面会にやってきて、この差別的な暴力が蔓延した現状を共有していた。そして、裁判所でジョージの審理がおこなわれている際にも、ジョナサンは現場に来ていた。この間のあまりにもひどいジョージへの処遇に対して、ジョナサンは怒りを露わにし、先にも述べたように、銃を発砲し、銃撃戦となり、射殺されたのだ。

そしてこの翌年、ジョージは刑務所から脱走をはかったとされ、射殺された。これも本当に脱走をはかったのかはわからない。ジョージの著書の訳者である鈴木《すずき》はこう記述している。

サン・ラファエル法廷襲撃事件からほぼ一年後の八月二十一日、ジョージ・ジャクソンはサン・クェンティン刑務所から脱走をはかったとして射殺された。すべては刑務所の中で起こり、事件の経過はすべて刑務所側の発表によって知るほかない。公表された経過はこうである。ジャクソンは面会に来た弁護士、スティーブン・M・ビンガムと約三十分間面接したが、その間に弁護士が携帯用のテープレコーダーに隠して運んだスペイン製の九ミリ口径のピストルを受取り、耳までおおい隠すほどのびたアフロ・ヘアーにしのばせて自分の房に持ち帰ろうとした。面会が終わったあとの身体検査で、看守に髪の毛の中のピストルを発見されそうになると、ジャクソンはそのピストルを取り出して構え、「こいつがお目当てのものだ！」と叫んだ。その時、別の看守がその現場に来合わせたが、そのとたんに一発の弾丸が発射され、混乱がはじまった。誰かが適応センターの一階の扉のスイッチを切り、二十五人の囚人が自分の房からとび出してきた。そのあと看守と囚人の乱闘がつづき、三人の看守と二人の囚人が歯ブラシに植えこんだ剃刀の刃でのどをかき切られて死に、二人の看守が弾丸を受けた。ジャクソンはもう一人の囚人とその現場を逃れ、中庭を横切って刑務所の塀にとりつこうとしたが、そこにたどり着く前に監視塔から発砲され、頭を射たれて死んだ……事実はどうあれ、以上が刑務所側の発表の大筋である。[*51]

これら一連のジョージ・ジャクソンらの動きは、全米を震撼させ、それは各地の刑務所にも響き渡った。そもそも運動としてブラック・パンサー党による組織化が監獄内に浸透していたのもさることながら、刑務所での処遇改善運動は全米にも広く行き渡っていた。そうしたなかでのアンジェラとジョナサンの事件、そしてジョージの射殺である。アッティカ刑務所内でもジョージの射殺に抗議の流れが波及した。そこでハンガー・ストライキがおこなわれ、暴動へと発展したのである。

システムを廃絶せよ

このアッティカ刑務所は、一九七二年にフーコーも見学に行っている。彼いわく、この刑務所は「ディズニーランド風のまがいものの要塞」[*52]であり、この見学はのちに『監獄の誕生』(一九七五年)を記すきっかけにもなった。また、フーコーは一九七一年から、監獄情報グループ(GIP:Groupe d'Information sur les Prisons)を創設し参加していた。フーコーはこのころにコレージュ・ド・フランスの教授に就任したばかりで、フーコーの講義では、このGIPの活動と関連づけることができる議論が展開されている。またこのGIPではパンフレット『Intolérable（耐え難きもの）』が四号ほど刊行されており、二号目はまるまるジョージ・ジャクソンにささげられている。[*53] その号ではブラック・パンサー党とも交流があったジャン・ジュネが序文を書き、ジョージへのインタビューや、フーコーらの記述がある。このほかにも、GIPに参加していたドゥルーズとガタリにもジョージ・ジャクソンへの参照を見出すことができる。[*54]

さて、何が述べたいのかといえば、アッティカ刑務所暴動はフーコーらの思想に大きな影響を与えたものであるということだ。それのみならず、このパンフレット内ではタイトルのとおり「耐え難きもの」として「裁判所、警察、病院・精神病院、学校、軍隊、報道機関・テレビ、国家、そしてなによりも監獄」が記されており、きわめてアナキズム的な姿勢が窺われる。そのあとにも「GIPは、さまざまな監獄の受刑者に向かって語るつもりはない。／逆に、受刑者たちに、彼ら自身について、そして監獄で起こっていることについて、語る可能性をもたらそうとするのだ」とある。受刑者への啓蒙を目的としたものではなく、むしろ、受刑者たちの声によって世界を変えていくこと、それがフーコーたちにとって重要な目的であったことがよくわかる。とりわけアメリカではブラック・パンサー党の運動的な組織化が刑務所の中で浸透しつつあった。そのうえでフーコーらは受刑者たちの問題を大きく世に引き出そうとしていった。知識人は啓蒙に徹するのではなく、増幅器として声を大きくする役割がある、とフーコーは考えていたようにも見える。監獄の受刑者たちは日常的に暴力によって蹂躙《じゅうりん》されており、その問題を前傾化させ、監獄の外が世界の中心ではなく、むしろ監獄こそが世界の中心であり、その監獄を基盤に世界を考えていくという（常識からすれば）転倒を図ろうとしていた節もある。

　このように、「六八年世代」としても語られるフランス現代思想は、同時代のアメリカのラディカルな運動やショッキングな事件とも並走していたのだ。もっと言えばアメリカの黒人たちのラディカルな運動が、フーコーたちを毛沢東主義者からアナキストへと深化させていったと捉えることができる。どういうことか。

2-6 ミシェル・フーコー

　フランスの現代思想の多くは、六八年五月革命との共鳴や影響関係がある。このころは世界的に運動がかなり盛んだったが、フランスではド・ゴール政権による強権的な教育行政の実施によって、大学が締め付けに遭うようになっていた。それに怒りをぶちまけた学生たちや労働者たちは大学の制度の改悪を拒否するだけでなく、ド・ゴールの退陣要求にまで強め、しまいにはパリ市中で革命状態を実現してしまう。労働者もゼネストでフランス政府に攻撃を仕掛け、学生たちも大学のみならず学生街として有名なカルチェ・ラタンも占拠した。エコール・ノルマル・シューペリウール（高等師範学校）の教員で哲学者のルイ・アルチュセールの弟子たちのグループは毛沢東主義を掲げ、ラディカルな運動を展開していった。このグループがフーコーとつながりを持ちながら、後にＧＩＰを立ち上げることとなったのだ[*55]。

さて、先に述べたように「廃絶（abolition）」の概念は、奴隷廃絶のみならず、監獄廃絶、そしてＢＬＭであれば警察廃絶となった。なにかしらの制度、それもヒエラルキーやレイシズム、ともすれば資本主義などなどに対して、「（アボリショニズムとは）人に隷属をもたらすすべての機構の廃絶をめざすもの[*56]」である。フーコーもこう述べている。

……問題は、模範刑務所でも、刑務所制度の廃止でもありません。……よって、問題はこうです。現代社会が住民の一部を周縁に追いやるプロセスの解明に資するシステム批判を提示すること。それに尽きます[*57]。

廃絶の対象は、私たちを隷属化するシステムそのものなのだ。だから廃絶運動は、連綿と続く。どこまで至っても、私たちは隷属化に抗する。そのときに法が暴力であるならば、その法を飛び越えることで、その法を変革させていくことができるかもしれない。悪法であるならば、その法を無視するか、法の外側に立ち、その悪法を廃絶する。レイシズムやヒエラルキー、そして資本主義に対しても同じだ。だから、「犯罪とは「根底からのクーデター」なの」[*58]だ。

第三章　自律・抵抗する、下からの反暴力

サフラジェット

法を飛び越える

第二章では、法が暴力であるならば、その法を飛び越えることで法を変革させていくことができると述べた。この点について、もう少しくわしく語ろう。ここから、反暴力とはなにかを位置付けることができる。

ここで再び、大麻の例を出そう。近年、アメリカ（の大半の州）、カナダ、ウルグアイ、そしてタイなど、多くの国々で大麻の所持・使用は合法化、あるいは違法だとしても非犯罪化されるようになった。しかし、日本ではどうか。相変わらず所持については犯罪であり、使用罪も創設されることとなった。アメリカの大半の州では、かつては違法であったが、大麻の危険性に関する科学的なデータが蓄積されたり、長い時間をかけて数多くの人々が大麻に慣れ親しんだ結果として、合法化されていった経緯がある。みんなで大麻を吸いまくるという仕方で闘い、デモで闘い、時には警察とも闘っていった。新しいデータから大麻の身体に対する危険性は取るにたらないと結論づけた医師たちを味方につけ、古い偏見のまま大麻は危険だと訴える医師たちとも闘った。その結果の大麻合法化である。法の外に飛び越えて、非合法の立場から合法を勝ち取っていったという流れだ。

そもそも、国家によって大麻の扱いが異なるというのは、どういうことか。法は暴力によって措定・維持される。そして、その暴力は各国家がそれぞれに持ち合わせている。つまり、法とは普遍的なものではなく、暴力を持つ国家によってそれぞれ定められるため、国によって異なるのだ。このように、法は絶対視されるべきものではないことがわかる。結局は国家に依拠する問題なのである。そして、その国家そのものが神話的な無根拠性に依拠している。それでは、悪法に対して私たちはどうすべきか。答えは簡単である。法を無視するか、法を飛び越える。そして、根拠と大義を持って闘争し、非を認めさせる。

では、ここで別の例を出そう。選挙権、それも女性の選挙権だ。ご存じのとおり、ある時期までは女性に選挙権はなかった。女性が選挙で投票しようものなら、違法となる。そして、それについて文句を言おうものなら、弾圧が加えられる。法措定においても、法維持においても、国家による暴力がふるわれていたのだ。こうした事態に対抗すべく、ラディカルな女性たちが立ち上がった。しかも暴力的に、である。そして最終的には女性の参政権を認めさせていった。これが、イギリスの「サフラジェット」と呼ばれる人たちである。

女性参政権を求めて

「サフラジェット（suffragette）」という語は、投票の権利を与えるよう主張する活動家たちの総称である。もう一つ、「サフラジスト（suffragist）」という言葉もあり、〝ほぼ〟同義である。なぜ〝ほぼ〟なのかは、後ほど説明する（つまり、違いがある）。両方とも「サフレイジ（suffrage）」という政治的な選挙に投票する権利、すなわち選挙権を意味する語に由来する。とりわけ一九世紀以降のイギリスでは、普通選挙権が拡大していく過程で、男女問わず、こうした主張をしていたという経緯がある。一八三二年、イギリスでは議会が一部の男性に選挙権を与えた。そして、一八六七年になるとサフラジストの声はさらに高まり、多くの男性労働者たちにも選挙権が与えられるようになった。一八八四年には、さらにこの選挙権が拡大されていったのだが、女性には選挙権はいっさい与えられることがなかった。こうしたなかにあって、きわめてラディカルな運動を展開していったのがサフラジェットなのである。

自分たちの住む場所の決めごとには、自分たちが関わる。それが自治である。男女ともに働き、納税をし、選挙をする。いまでは当たり前になっている近代国家の様相だ。しかし、当時の男性は収入によって選挙権が制限され、女性にいたっては選挙権なんてものはなかった。つまり経済的差別と、女性差別がまかり通っていたのだ（現在も選挙権はありつつも、差別は変わらないところもある）。そうしたいまの「当たり前」を変革していった一つの流れがサフラジェットなのだ。闘争せずして変革はないのである。

さて、サフラジェットとサフラジストは何が違うのかというと、前者は「好戦的な過激派」

として罵倒する意図でロンドンの「デイリー・メール」紙で使用され、広がったという経緯がある。英語では、「小さなもの」「尖ったもの」「女性的なもの」を意味する際に、語尾に〝-ette〟とつけるのが、二〇世紀初頭に流行していた。[59] この新聞では、サフラジストではなく、サフラジェットと語尾を変えることで、彼女たちを嘲り、からかっていたようだ。しかし、そうした罵倒に対して、サフラジェットたちはこの語を好んで使用し、自らそう名乗るようになった、という経緯がある。この点は、「アナーキー（アナルシー）」という用語の使い方にも通じる。これもそもそもは罵倒用語だったが、アナキストたちはこの語を好んで、反転させて使い、現在に至る。

3-1 サフラジェットたち

さて、サフラジェットたちはどんな運動を展開していたのだろうか。どのように暴力的に抑圧され、それに対してどのように暴力的に抵抗していったのであろうか。もともと女性参政権の獲得のための運動は多様であり、さまざまな団体があった。[60] サフラジェットたちも、「女性社会政治連合（WSPU：Women's Social and Political Union）」という団体を結成し、運動を展開していくこととなる。このWSPUの中心人物は、アニー・ケニー、そしてエメリン・パンクハーストと、彼女の長女であるクリスタベル・パンクハースト、次女のシルビア・パンクハーストらであった。「言葉ではなく行動を（Deeds not Words）」という標語のもと、当初は暴力的抵抗行動ではなく、非暴力直接行動をメインに闘争していた。しかし、次第にその動きとうねりが大きくなり、窓ガラスを割ったり、爆破したり、放火したりと、きわめて暴力的な抵抗運動が展開されていった。直接・間接を問わず、彼女らの運動に参加していた人たちは数十万人にものぼるという。

サフラジェットの闘い

女性参政権を求める者たちの声はこうだ。「男性がつくった法律では女性を守ることなど不可能であり、そもそも労働も納税もしているのにもかかわらず、女性の声が自分たちの社会を形成できないのはおかしい」。至極当たり前の主張である。しかし、こうした主張に対して、クズ野郎どもはこう言う。「女性は感情に支配されており、ロジカルではない」「女性はドレスとゴシップが好きで子どもっぽい」「女性は気まぐれで、正しい判断ができない」……これまた根拠のないたわごとである。また、女性の参政権に反対する女性もいた。時のヴィクトリア女王は女性の参政権に対して「邪悪な愚行」とまで言い放っていた。こうした状況なので、三〇〇〇人以上のデモの参加者が女性参政権を訴えても、まったく埒《らち》があかなかった。一九〇八年、ロンドンのハイド・パークでサフラジストらの主張に賛同した二五万人以上もの人々が大々的に女性参政権の必要性を訴えた。それでも当時の首相であったアスキスは、制度的に女性参政権を与える権限がある立場にありながら、明確にサフラジスト／サフラジェットらの主張を拒否し続けた。さて、どうするか。直接行動を激化させて、認めさせるしかない。サフラジェットたちはアスキスの車に無理矢理乗り込んで直訴したり、官公庁の窓を叩き割ったり、首相官邸の鉄柵に自らの体を縛り付けて、主張をし続けた。結果、どうなったか。刑務所行きだ（なんだか本書は暴力というよりも、刑務所の本なのかと思うくらい、刑務所の話が多い）。

3-2 エメリン・パンクハースト

当時のイギリスの囚人には、三つの分類があった。一類は政治犯、二類が軽犯罪の囚人、三類が重労働を課される囚人である。一類は、新聞を読んでもいいし、本を読んでもいいし、家族や友人と連絡も取ることもできて、面会も許された。囚人服を着る必要もなく、比較的自由な立場に置かれた。二類は、

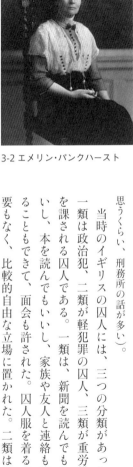

最初の一カ月を独房で過ごし、読書も面会も許されない状態に置かれる。三類は、ひたすら労働である。男性も女性も関係なく、ボロボロの囚人服を着せられ、粗末な食事のみで、汗水流して働かねばならない。刑務所にぶち込まれた女性参政権を求める人々は、ほとんどが二類か三類行きで、政治犯としては扱われなかった。ここでもサフラジェットは黙っていない。政治犯としての立場を認めさせるため、ほとんどのサフラジェットがハンガー・ストライキに打って出る。これは投獄への抗議ではなく、政治的抵抗であったということを認めさせるための〈戦術〉であった。ハンガー・ストライキの結果、もしも刑務所内で死なれようものなら、国家には立場がない。国家が暴力的に決めた法に基づいて、暴力的に刑期をまっとうさせることが、投獄の目的である。それを果たせなければ、国家の威信に関わる。また、死人が出れば、そのほかのサフラジスト／サフラジェットのみならず、より多くの民衆の怒りを買いかねない。だから、サフラジェットたちは食事を拒否して、死ぬ気で抵抗した。またこれは、体調不良による釈放を狙う〈戦術〉でもあった。

釈放された活動家たちは、少し療養したのちに、再び街頭へ出て闘い、また投獄される。刑務所を運動家でいっぱいにしてしまえば、逮捕されても刑務所に入れられることはなくなる、という〈戦術〉でもある。身をもって闘うとは、このことである。

しかし、国家も黙ってはいない。サフラジェットたちを根絶やしにすべく、暴力のかぎりを尽くして弾圧にかかった事例を二つほど紹介しよう。一つは「ブラック・フライデー事件」、もう一つは「強制摂食」である。

ブラック・フライデー事件

ブラック・フライデー事件とは、最近日本でも知られるようになった感謝祭の安売りバーゲンセールのこと、ではまったくない。黒く人だかりができている状態がブラック・フライデーである。それも、バーゲンセールで人がたくさんいるのではなく、デモ隊と警官隊で人だかりができた、という事件だ。[*61]

一九一〇年、これまでのサフラジスト／サフラジェットの運動が功を奏し、イギリス議会において一部の女性の投票権が認められそうになった。富裕層の女性のみという条件付きであったが、これもまた進展であり、ここからさらに参政権が拡大するのではという雰囲気が生まれた。しかし、そこでまたアスキス登場である。議会で女性参政権を条件付きで認める調停法案が出された際、アスキスはそれを拒否したのだ。アスキスら保守派は、女性に選挙権が認められると、自分たちが選挙で勝てなくなるという妄想に取り憑かれていた。つまり、脅威に恐れ慄いていたのである。そこで土壇場の拒否を断行した。

この事態に怒り狂ったサフラジェットたちは、一九一〇年の一一月一八日金曜日に、国会議事堂までデモ行進をおこなった。およそ三〇〇人が馬に乗ったり歩いたりしながら、国会議事堂の入り口までたどり着いた。これを見越していたイギリス政府は、時の内務大臣であるウィンストン・チャーチルの命令のもと、警察官を五〇〇〇人ほど配備した。そして、この日起こることについては写真撮影も報道も禁止する、という通告を事前に発した。つまり、世間に知られたくないような大弾圧を予定していたということである。警察にとっては民衆に暴行を加えてもお咎めなしになる、というお達しでもある。その結果生まれたのは、警察による女性たちへの暴行の嵐だった。少し長いが、そのときの様子を引用しよう。

この事件は、「ブラック・フライデー」として一〇〇年後にも語り継がれる、警官による残虐な暴行・傷害事件となった。／その様子は、翌日一九日に「デイリー・ミラー」紙が報道している。また。WSPU関係者の後年の著作にも詳述されている。さらには事件後に、国会の「調停委員会」が、多くの証言を含む「覚書――警察の女性代表団の取り扱い」として事件記録を内務省へ提出している。／これらの記録に使われた用語を用いて事件を再現すると、概要は次のようになる。／女性が警官と衝突すると、警官は女性の髪を引っ張って捕まえて、女性を数メートル先へ投げ飛ばした。女性が地面へ倒れ落ちると、別の警官がその女性をまた別の警官へと投げ飛ばした。女性が再び地面に落ちると、さらに別の警官が同じように女性を投げ飛ばした。こうして繰り返される行為の間に、女性は顔面や体の各所を殴られたり、膝を蹴られたりもしている。また、「デイリー・ミラー」の報道写真によれば、路上に倒れている女性を警官が踏みつけている。／かなりの数に上る女性が、人目につきにくい路地裏で警官に背中を繰り返し殴られ、神経が麻痺して歩行困難をきたしている。建物や壁や街灯の支柱に投げつけられて、歯を折った女性も出ている…（中略）……このような形の暴力行為に加えて、警官の多くが公然と、性的暴行や卑猥な暴行を加えた……[*62]

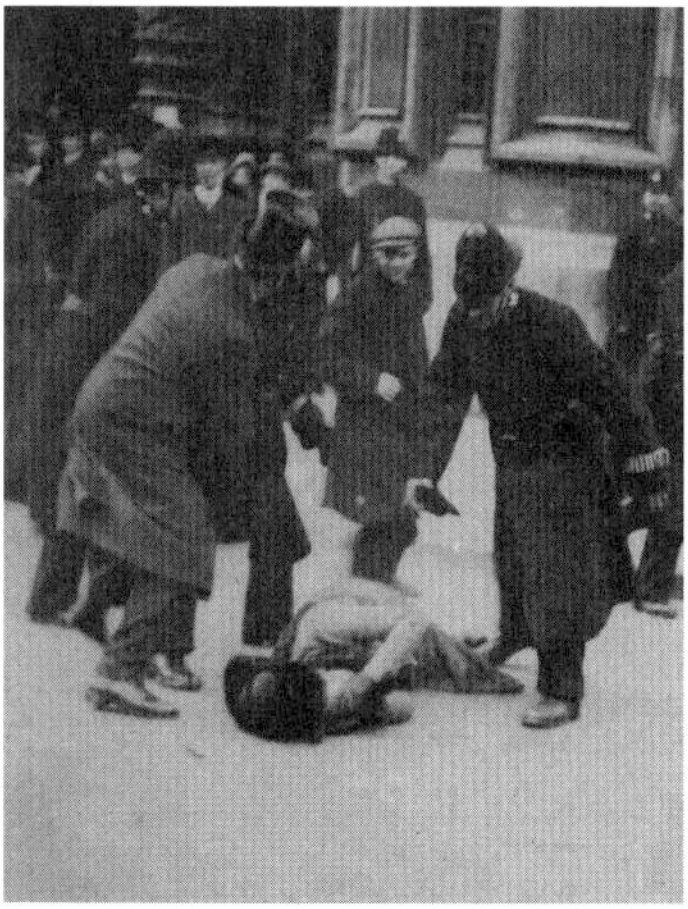

3-3 ブラック・フライデー事件の様子

女性参政権運動に対して、イギリス政府がどのような姿勢だったのかがよくわかる。これほど、保守派のアスキス政権は女性参政権をなんとしても食い止めようとしていたのだ。裏を返せば、サフラジェットたちは、それほど体制に脅威を与えていたということを、このブラック・フライデー事件から読み取ることができるだろう。

強制摂食

もう一つの暴力は、「強制摂食」である。監獄に入ったサフラジェットたちは、先にも述べたように、自身を政治犯として認めさせるべくハンガー・ストライキをおこなっていた。そうした状態を見かねた国王様は「ご飯食べさせてあげなよ」と言いだした。余計なお世話である。結果、監獄でどのような処置が与えられていったかというと、無理やり食事を与える方法がとられた。受刑者たちはベッドや椅子に拘束されたり、縛られた状態で、金属製の猿ぐつわを口に押し込まれ、ゴム製のチューブを差し込まれた。口を開かない場合は鼻から差し込まれた。そのチューブに、ぐちゃぐちゃにされたパンと牛乳、生卵などが流されて胃に届くという仕組みである。「器具を使用して肉体を侵害するこうした行為は、抵抗させないように腕力で押さえつけられ、ひどい苦痛と屈辱を伴うもの[*63]」(筆者訳)であった。これはハンガー・ストライキをした者たち、それもサフラジェットたちだけが受ける拷問でもあった。この処置によって、肺に液体が入ったり、胃が傷ついたりして、肉体的に衰弱してしまう。これが原因で重い病気になったり、精神的にも病んだりして、死へと至ることになった者が続出した。何百人ものサフラジェットが強制摂食という暴力を受けた。こんな記述がある。

シルビア・パンクハーストの最初の強制摂食では、四人の女性がシルビアをベッドに押しつけて動けなくしている。医師の一人は、リー（筆者：サフラジェットのメアリー・リー。彼女も強制摂食を受けていた）の場合と同様に、流動食を流し込む役割で、もう一人は、鼻腔ではなく口からゴム管を通している。シルビアが口を固く結んで拒否し続けると、無理やり唇を広げて、歯のかすかな隙間から金属製の特殊な器具を挿し込んで、機械的に顎を開かせている。／口から出血し、嘔吐をもよおし、ときには失神するのを無視して、シルビアの場合は一日に二回強制された（ほかには一日三回のケースもあった）。一カ月以上続くと、肉体の苦痛に加えて、精神状態が異常になりつつあるのを実感したという。[*64]

サフラジェットたちは何度も暴れ、何度も監獄にぶち込まれ、何度もハンガー・ストライキをおこない、何度も強制摂食という暴力を受けた。しかしそれでも立ち上がった。すべては女性参政権のためである。

サフラジェットの反暴力

やられてばかりでは気がすまない。やられたらやり返す。反撃である。サフラジェットの面々は、路上で警察と常にバトルをせざるをえない。なぜならブラック・フライデー事件のみならず、運動をおこなえば必ず警察が急襲してくるからである。そうした状態から身を守るために、「サフラジュッツ」と呼ばれる柔術を体得していった。これは文字どおり、日本の柔術に由来しており、基本的には攻撃ではなく、護身術である。敵対する相手のバランスを崩し、相手の体重を利用して、投げ飛ばすやり方だ。サフラジェットの多くが護身術の教室に通っていた。一五〇センチほどのイーディス・ガラッドというサフラジェットは、警官をぽんぽん投げ飛ばしていたそうだ。国家をうしろ盾に、ヒエラルキーの上から暴力をふるってくる警察に対して、サフラジェットは自衛のための暴力を行使した。このような立場の暴力を、本書では「反暴力」として位置付けてみよう。

これとは別のレイヤーでの反撃もあった。まずは反差別という立場から。みなさんは、リットン調査団をご存じだろうか。満州事変の際に派遣された、あのリットンだ。そのリットンの姉であるコンスタンス・ジョージーナ・リットンもサフラジェットだった。貴族階級ではあるが、かなり気合いの入った人物だった。WSPUのデモに参加して投獄された際に、貴族階級であることがわかり次第、彼女は釈放された。それに怒りを覚えたリットンは、次のデモの際に労働者階級の格好をして、捕まった。捕まった際にも偽名で通し、ハンガー・ストライキ（と強制摂食）で抵抗を試みた。この経験から心臓の病気が悪化し、翌年には半身不随となってしまったが、階級差別を訴える書籍をのちに刊行し、広く獄中の様子を知らしめた。ペンでの抵抗である。増幅器としての知識人のあり方である。

一方で、ゲリラ的な暴力的反撃もあった。いくらデモをしても埒があかない。そう思ったサフラジェットたちは、この間の運動の成果からアスキスらと面会を取り付けた。しかし、この面会は拒否された。ふざけるな馬鹿野郎、ということで、官庁街の窓ガラスを破壊していく。官庁が立ち並ぶパーラメント広場からトラファルガー広場への道路沿いの窓ガラスを、投石やハンマーで叩き割っていったのだ。これは政府にかなり圧力を与えた〈戦術〉だろう。もちろん、人に危害は加えていない。サフラジェットたちは、自分たちや通行人に窓ガラスの破片が飛び散らないように、事前にガラスの割り方のワークショップをおこなっていたのだ。しかし、サフラジェットたちは投獄され、監獄でお決まりの強制摂食という暴力を受けた。つまり、こちらは無機物への暴力であるが、あちらは人体への生死に関わる暴力を遂行していった。こちらもあちらもともに暴力をふるっているが、その程度や質がまったく異なるという点は、何度言っても言い足りないくらいだ。

他にも、油を染み込ませた布を郵便ポストに入れて放火したり、首相官邸の窓ガラスを破壊したり、アスキスが演説する劇場のカーテンを燃やしたりした。エメリンとクリスタベルのパンクハースト親子は、この手の〈戦術〉の命令をどんどん出していった。一九一三年になると、よりこの動きが激しくなる。電話回線を切断したり、王立植物園内の喫茶店を燃やしたり、鉄道施設を焼き討ちしたり、教会を燃やしたり、大臣や貴族や国会議員ら女性参政権に反対する面々の家を燃やしたりした。もちろん、「人を傷つけない」というのが至上命令である。郵便職員が火傷を負う以外は、基本的に死傷事件は起きていない。

こうした闘争のなか、象徴的な仕方で、死人が出た事件がある。エミリー・ワイルディング・デイビソンの死である。彼女はロンドン大学とオックスフォード大学で英米文学を学んだ秀才であった。しかし女性であるという理由から男性とは同じ学位を取得できなかった。WSPUに参加しながら売文業で生計を立てていた彼女は、ペンでも闘い、身をもっても闘う、全身全霊のサフラジェットだったと言える。元は教師であったが、サフラジェットとして生きる道を選び、投石で窓ガラスを割るのはもちろん、放火、ハンガー・ストライキ、そして強制摂食など、あらゆるサフラジェットが行使する／される暴力に触れていた。監獄の中でも、溺れるほどの水を浴びせかけられたり、拷問されては、出獄しての繰り返しだったという。

そんな彼女の最期が衝撃的だ。エプソム・ダービーという競馬レースがあった。国王であるジョージ五世の競走馬であるアンマーも出走するレースだ。国王も含む五〇万人の大観衆を前に、アンマー含む競走馬がコースを爆走していた。そこにデイビソンは「女性に投票権を」と印字されたスカーフを馬に取り付けるべく、最終コーナーを回った一五頭の競走馬が走るコースに柵をくぐって入っていった。もちろん目当ては、ジョージ五世のアンマーである。落ち着き払っていた彼女はやってくるアンマーに両腕を伸ばした。そのデイビソン目がけて馬がやってくる。[65]デイビソンは馬に跳ね飛ばされ、倒れた。アンマーは一度転倒するも、そのまま再び立ち上がり走り去った。騎手のハーバート・ジョーンズも転倒。デイビソンとジョーンズは病院へ運ばれ、ジョーンズは軽傷、デイビソンは死亡した。このデイビソンの死は自殺かどうか、その後論争になった。また国王や観客の多くは、デイビソンを厄介者、異常者として扱った。しかし、デイビソンのこの歩みを見る限り、そうとは思えない冷静さがある。彼女はいたって冷静に、身をもって、命をかけて、女性参政権を訴えていたのだ。

女性参政権獲得における外的要因と内的要因

こうしたサフラジェット／サフラジストたちの闘争は、とある出来事を受けて、急展開を迎えることとなる。

まず、一九一四年に「グラスゴーの戦い」と呼ばれる闘争があった。これまで見てきたとおり、サフラジェットの運動は暴力的ではあったが、そこにはやはり圧倒的な暴力の非対称性があった。つまり、ヒエラルキー上位の国家が行使する暴力と、ヒエラルキー下位のサフラジェットがそれに対抗するためにふるう暴力という非対称性である。こうした状況下で、WSPUの独裁的なリーダーであったエメリン・パンクハーストはこう考えた。自分が公の場で演説をすれば、必ず捕まる。しかし、もし演説のあとで警察の追手から逃げ切れば、警察はバカだということを世間に示すことができる。そしてもし自分が捕まっても、世論からの同情を得ることができる、と。彼女はグラスゴーにおけるサフラジェットの集会で登壇を決意する。当日、会場は満員で、警察もエメリンを捕らえるべく待機していた。誰しもがエメリンの登壇はないだろうと思っていた。その矢先、であった。エメリンは会場のセント・アンドリュース・ホールの舞台に立ち、五〇〇〇人を前に演説をはじめたのである。どういうことか。会場へは変装して入り、まんまと警察の目を騙したのである。会場のサフラジェットたちは沸き立ち、警察も慌てふためく。エメリンの周りは武装したボディガードが取り囲み、舞台の周辺には有刺鉄線が張りめぐらされていた。警察もエメリンに近づくことはできない。周辺のサフラジェットたちも警察を取り囲み、椅子やテーブルをひっくり返して大乱闘である。花瓶、水差し、コップ、バケツに入った水、椅子、ベンチなど、使えるものは片っ端から警官めがけて投げつけ、猛攻撃したという。[*66] 最終的にはエメリンは捕まってしまうが、この闘争で、再びサフラジェットたちはやる気をみなぎらせていった。

こうして、闘争は引き続き盛り上がるかのように思われた。しかし、ここで分岐点が生じる。第一次世界大戦の勃発と、イギリスの参戦である。第一章で、インドの独立には外的要因と内的要因があったと紹介したが、イギリスにおける女性参政権獲得にも、外的要因と内的要因があったのだ。

第一次世界大戦の圧倒的な影響

まず、外的要因とはもちろん第一次世界大戦のことである。一九一四年の六月二八日、オーストリア＝ハンガリー帝国は自国の皇太子がセルビアの民族主義者の青年に暗殺されたのをきっかけに、セルビア王国に宣戦布告。戦火はヨーロッパで広がり、各国が中央同盟国（オーストリア＝ハンガリー帝国サイド）と連合国（セルビア王国サイド）に分かれて闘った。八月四日にはイギリス（連合国）も、ドイツ（中央同盟国）に宣戦布告した。このとき、サフラジェットたちの暴力的な行為、とりわけWSPUの直接行動は、終わりを告げたのである。なぜなら、エメリン・パンクハーストらは戦争に賛同したからである。エメリンのロジックはこうだ。戦争への賛同については、もし選挙で動かすべき国家がなくなれば、選挙権を求めて闘う意味がなくなるし、戦争に負ければ女性参政権のみならず、男性の参政権もなくなってしまうのではないか、ということだった[*67]。WSPUは政府と取引をした。女性参政権獲得運動を中止し、戦争支援をおこなうという約束と引き換えに、収監されていたWSPUの女性全員を、八月一〇日に釈放させた。翼賛体制下、イギリスの女性は戦争を支援し、徴兵で戦地へ行ってしまった男性たちに代わって、国内の労働を支えた。これまで政府を攻撃するために爆弾をつくっていた女性たちは、今度はドイツを攻撃するための爆弾をつくるようになっていった。軍需工場では一〇〇万人近くの女性が働いており、サフラジェットの〝-ette〟をもじって、「ミューニショネット

（munitionette＝軍事工場で働く女性たちの意）」と呼ばれていた。[*68] 軍用物資を意味する〝munition〟に由来する語である。イギリスにおける女性参政権獲得の経緯としてよく語られるのが、このような愛国的忠誠心の帰結として女性参政権が認められた、というものである。まず、第一次世界大戦という外的要因があり、WSPUが戦争に賛同し、その恩恵として女性参政権が与えられたという考え方だ。これも事実ではあるのだが、これだけでは説得的ではない。なぜなら、戦時中のおよそ四年間、エメリンたちは運動を縮小させており、女性参政権の問題は、戦争でかき消され、忘却されてしまいかねない状況だったはずだからだ。だとすれば、戦時中にも国内で運動を続けていた人たちがいたと見るのが当然の流れだ。では次に、どういった内的要因があったのかを探っていこう。

サフラジェットの多様性

まず、エメリンらがWSPUは戦争に賛同すると発表したものの、これに賛同しないサフラジェットもいた。当然である。勝手に戦争をはじめやがった国に忖度する必要などまったくない。エメリンらの事実上の参政権闘争の放棄に対して、「女性社会政治同盟サフラジェット（SWSPU）」や「独立女性社会政治同盟（IWSPU）」がそれぞれWSPUから独立した。そして彼女たちは、エメリンが演説する際には、妨害すらしていくことになった。また、戦争がはじまる前の一九一三年の時点で、エメリンの娘であったシルビア・パンクハーストは母親と姉らが属するWSPUから離反していた。シルビアは、「東ロンドン・サフラジェット連盟（ELFS）」を軸に闘争を続けた。サフラジェットもまた、一枚岩ではなく、多彩な運動があったのである。

そして、こうしたWSPUとは異なるグループの闘争が、女性参政権獲得の内的要因として重要だった。戦時中も引き続き女性参政権を訴える活動を当然のように展開していたからである（さらに反戦運動もおこなっていた）。また、WSPUは女性主体の組織で、男性はあくまでサポート役でしかなかった。しかし、ELFSは男女問わず運動を組織化し、活動を展開していった。これには、イースト・ロンドンの地理的な事情もある。イースト・ロンドンは当時、低賃金労働者が住まう街であった。つまり、男性労働者たちの階級闘争の現場でもあったのだ。選挙権のない女性たちと、低賃金の男性労働者たちが交差するところに、ELFSがあったというわけだ。これは、インターセクショナリティを標榜した運動の先祖でもあ

3-4 シルビア・パンクハースト

る。そして、問題が交差して複雑化すればするほど、運動は盛り上がる。また、エメリンらの運動には富裕層の女性活動家が多かった一方、シルビアの現場には劣悪な労働環境で日々食うや食わずの生活を送っている民衆が多かった。さらに、WSPUはエメリンとクリスタベルによる独裁体制とも言える上意下達の組織であったが、ELFSでは参加者全員の発言が認められ、それぞれの立場からの民主主義的な組織化がなされていった。こうした運動の多様性が、内的要因として女性参政権獲得に寄与していったのだ。

女性参政権の獲得へ

戦時中、女性の生活はますます貧しくなっていた。当時の記述を引用しよう。

夫が戦場へ行き、収入が途絶えた家庭が多くあった。その上に物価は日増しに上昇し、家賃を払うのも食料を手に入れるのも、極度な困難になったのだ。政府の手当ても初期には給付制度の不備や役所の不手際で、受けとれない人々が多くいた。わずかな手当てが出始めても家賃を払えば食料が買えず、自分や子どもの食料を買えば家賃不払いで住処《すみか》を追い出される人々が続出した。[*69]

そこでシルビアらのELFSは、富裕層との平等な食料流通、男女ともに同等の賃金、労働者階級の女性の公共の委員会への参加、そして反戦と女性参政権を訴えていった。もちろん、ただ訴えるわけではない。相互扶助の精神を発揮して、さまざまなソーシャル・センター（人が集まることができるイベント・スペースや、福祉施設、子ども食堂やボランティアの医療所など）を設立していった。「ウィミンズ・ホール」と呼ばれる、支援申請の援助や代行、相談業務をおこなう場所や、無料でミルクを配給する場所、原価でご飯を食べることができるレストラン、女性の雇用を増やすためのおもちゃ工場、イギリス初のモンテッソーリ教育がおこなわれる託児所（ちなみにモンテッソーリ教育とは、二〇世紀初頭にローマではじまった貧困層向けの保育教育であり、子どもたちの自発性を尊重した教育方法で知られている）などなど。団体名もELFSから「労働者参政権同盟（WSF：Worker's Suffrage Federation）」へと変更し、労働者支援の側面を強めていった。[*70]

こうしてシルビアたちが着実に運動を展開していた最中、男性のみの選挙で問題が生じた。当時、選挙権を得るためには一年ほど登録された住所に住んでいなければならないという条件があった。しかし、戦時中のため、多くの男性が長期間戦地に赴いていた。そう、多くの男性が従軍によって選挙権を失効することで、選挙が成立しなくなる可能性が出てきたのである。このため、政府は選挙権を拡大した。二一歳以上の男性と一九歳から軍務に従事している男性に参政権を与えるという法案を提出した。そして、この法案のなかには、女性参政権が盛り込まれていたのである。一九一八年二月六日のことであった。

とはいえ、女性参政権はいまだ条件付きであった。三〇歳以上の女性で、不動産所有者や不動産所有者の妻か、年間五万ポンド以上の居住物件を借りているか、大卒資格を有しているか、いずれかの条件を満たす、というものだ。二一歳以上の女性にも選挙権が認められるようになるのは、この一〇年後のことである。

しかし、戦時下においても、シルビアたちは戦争従事への賛美などは決しておこなわなかった。むしろ、港湾労働者と共に、反戦運動の一環として港で武器・弾薬の輸出阻止行動などをおこなっていた。これは実際に武器・弾薬輸出を実力行使で阻止した闘争だった。頑なな女性参政権の要求、それに裏打ちされた反戦運動が着実に広がっていったことで、結果的に女性参政権を認めさせるに至ったのである。シルビアらはずっとラディカルなのだ。言うまでもなく、ラディカルだったが故に、勝ったのだ。

統治と抵抗

パレーシア

さて、法を飛び越えた実例として、イギリスにおける女性参政権をめぐる運動を見てきた。

これをフーコーやステファン・レッグによる「統治」と「抵抗」という概念を拝借して、整理してみよう。*[71]

おさらいだが、国家とは無根拠な神話に基づく幻想である。この当時のイギリスに関していえば、王が君臨し、議会があり、貴族もおり、そして民衆がいる、というヒエラルキーが成立していた。王の存在そのものがそもそも神話に基づいており、根拠がない。そんな王の発言に忖度して、ハンガー・ストライキ中の受刑者に強制摂食をおこなうのは、まさに解釈労働とヒエラルキーが生む暴力のわかりやすい例だ。民衆は、ヒエラルキー上位の根拠のなさを、自身の解釈によって支え、もっともらしいものに仕立て上げる。そして、王やら国家やらにぼんやりとした輪郭が与えられる。そして、近代国家という輪郭を維持するためには、議会なるものが必要になる（不必要な時期もあり、これもまた無根拠である）。この議会なるものを支えるために、選挙制度というものがある（もちろん、選挙とて当時は一部の金持ち男性のものでしかないのだが）。こうして、国家（王）―議会（貴族、政治家）―選挙制度（一部の民衆）という、ヒエラルキーに基づいた国家の構造がぼんやりとだが明確に成立していく。

この構造によって、王や国家による民衆の統治が可能になる。強調するが、この統治は民衆によって支えられる。具体的には、民衆の「意見」によって。この意見は、選挙によって構成されることもあれば、デモや社会運動によって構成されることもある。この点を、レッグはフーコーに依拠して「パレーシア（parrhesia）」と呼ぶ。パレーシアとは、なんでも話してよい、善なる「言論の自由」のようなものだ（ヘイトスピーチのような悪質な言論は「エクスゥシア＝放任」と訳されたりする）。

さて、サフラジェットの例では、女性参政権についての議論がパレーシアだとみなすことができるだろう。パレーシアは、国家に抗してでも表明される善なる意見の場合もあれば、国家に即座に資するような意見である場合もある。たとえば、学術的な知は後者の例になることもある。宇宙論や神学、王権の先祖代々の系譜などである。宇宙論であれば、（国家の貿易に資する）航海術に役立つし、神学であれば、国家を権威づける教会の議論として役立つし、王権の系譜であれば、まさに王を権威づけるのに役立つ（王権神授説など）。また科学的な知であれば、再現可能性があり、真理の度合いが高く、一方で王権神授説などになればロックが反証したように根拠薄弱な場合もある。もう少し説明しよう。たとえば、ガリレオ・ガリレイは当時の宗教的な権威が神話的に求めていた天動説とは異なり、科学的な前提から地動説を唱えた。パレーシアによる抵抗の側面である。一方で、カトリック教会がそれを認めずとも、国家の貿易に資する船乗りたちは地動説を基に地球を経めぐった。これらは学術的に発見された真理の側面であり、真理の蓋然性がきわめて高いものだ。一方で、真理の蓋然性がきわめて低ければ、国家に資するものであっても反証されることがある。王権神授説はその例だ。フィルマーという学者が、王権というものは聖書に記述されているとおり、神がアダムに家父長権を与え、それが現在の国王権の基になっていると嘯《うそぶ》いた。多くの王侯貴族はそれを信じ、国家なるものをつくっていった。つまり神話を前提に国家をつくったのである。これに対して、ロックは『統治二論』の第一部で、これを全否定した。聖書のどこをどう読んでも、神がアダムに家父長権を与えたなんて書いてもいないし、そのように読解すらできない、と。そこからロックは、人間はそもそもは自由であり、それでもなおちょっと問題が起こるから、その問題を解決するために国家を要請するという社会契約論を主張した。そして問題を解決できない国家であれば、民衆は抵抗してもよいという革命権を認めたのだ。

少し長くなってしまったが、パレーシアには、国家に抗するものと、国家に資するものという、二面性があるということをここでは覚えておこう。

反体制と反操行

さて、サフラジェットのパレーシアに話を戻そう。女性参政権の訴えは国家に抗するものであっても、目標は国家にそれを認めさせることだった。つまり、あくまで「国家という枠組みのなかでの抵抗」であったという点を思い出さねばならない。こうした場合、国家に抵抗する側も国家のような様相を呈することがある（のちに述べるようにすべてがそうではないが）。いわば、ミニ国家である。エメリンとクリスタベルのWSPUは、実際にこの二人の専制体制であり、国家と似ていた。上意下達の命令系統があり、ヒエラルキーが存在した。国家の暴力に対して、それに類似した構造を持つ暴力で対峙したということだ。そしてWSPUというミニ国家は、最終的に国家の内部に入り、女性参政権を将来的に認めさせるための取引をしていった。

それでは、シルビアらELFSのパレーシアはどうだったろうか。シルビアらは、戦時中も引き続きサフラジェットの運動を続けた。しかも、反戦運動もおこない、かつ男性も参加していた。WSPUがシングル・イシューであったのに対し、シルビアらの運動はインターセクショナルな運動であった。複数の問題を抱えたが故に規模も大きく、そして継続が可能になった。そして、いずれの運動も国家に抗する運動でありながら、エメリンらとは異なり国家に包摂されることなく、対峙することが可能であった。つまり、イギリスにおける女性参政権運動のなかには、国家に吸収される抵抗と、国家に抗し続ける抵抗の二つのレイヤーが存在していたということだ。そして、レッグが参照しているフーコーの議論からすれば、これはある種の「内戦」である。フーコーは、国家に吸収される抵抗を「反体制」、国家に抗し続ける抵抗を「反操行」と語る。[*72] 前者は、体制とは異なる別の体制を形づくり、カトリックに対するプロテスタントのように、ある支配的な体制とは別様に、その別の体制下において日常的にその反体制派を包摂し、服従させるものだ。後者は、それに対して、別様の体制を形づくるのではなく、統

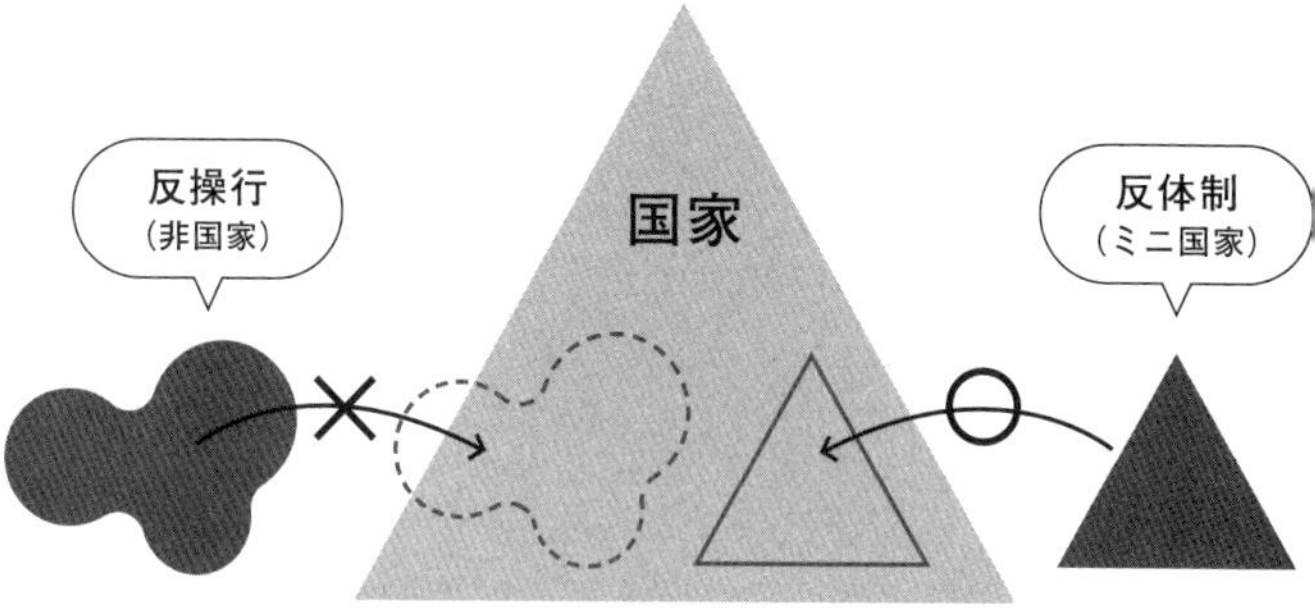

3-5 ミニ国家と非国家

治サイドがその権力を下す操行そのものに反抗する。もちろん、反体制のなかにも反操行的な要素はあるし、逆もまた然りである。とはいえ、大きな国家（イギリス政府）に対し小さな国家（WSPU）で抵抗することは、敗北するか、あるいは大きな国家に包摂される結果となる。しかし、国家に対して、国家的なあり方を持たずに抵抗した場合、国家に包摂されることはない。つまり、同じ形のヒエラルキー構造であれば、大は小を包摂しやすい。国家のパズルにハマるか、ハマらないかである。

それでは、国家などの統治機構に包摂されることなく、打撃を与えられる反操行的な抵抗は、どのようにして可能なのだろうか？　そこには、どのような反暴力があるのだろうか？

民衆的防御

国家を支えるのではなく、それに抵抗する民衆の防御を、ポール・ヴィリリオという思想家は「民衆的防御（défense populaire）」と述べていた。[*73] この民衆的防御とは、国家が主語となり国民や民衆なるものを守る「国民的防衛」とは異なる。これは、軍隊や警察が暴力を独占した上で（法措定的暴力と、とりわけ法維持的暴力）、国内外の敵方と対峙し、「防衛」をはかることだ。戦争がわかりやすい例である。それでは、「民衆」と「国民」の違いはなんだろうか。国家は自らの内に住まう人口を「〇〇人《じん》」と定式化し、支配する。これが国民である。民衆とは、ともすれば国家の枠組みにいるかもしれないが、前提として国家の枠組みから外れうる、より私たち本来のあり方に近い存在である。市民でありながらも市民ではない、統治されながらも統治されていない、そんな存在様態のことである。

そもそも、国家・国民など関係なく、民衆は家族やギルドといったつながりのなかで相互扶助のネットワークを培ってきた。自衛のために武装したり、民衆レベルでの裁判をおこなっていたなんて事例はたくさんある。[*74] ヴィリリオはこれらをまとめて「民衆的防御」と呼んでいるのだ。

ヴィリリオは、現代の民衆的防御としてベトナム戦争でのゲリラ戦を引き合いに出す。ベトナム戦争自体はもちろん国家間の、ともすればイデオロギー間の闘争であった。しかし、ベトナム民衆のレベルでは、ただひたすらアメリカの軍事力によって殺される惨劇だった。これに対する防衛／防御戦として起こったのが、ゲリラ戦だ。そして、アメリカ軍は北ベトナムの軍隊だけを攻撃するのではなく、ゲリラが潜む森にクラスター爆弾や枯葉剤などを投下し、民衆もろとも抵抗勢力を殲滅《せんめつ》しようとした。これに対して、ベトナム民衆の方も、農民に扮して攻撃を躱《かわ》しつつ、突如ゲリラとして米兵を奇襲したり、上空の戦闘機からは発見しえない地下トンネルなどを張りめぐらせたり、国家（と軍隊）のシステムとは異なる仕方で抵抗した。彼らは、とにかく〝嫌がらせ〟をしていったのだ。結果、アメリカ軍にかなりの痛手を負わせ、最終的に北ベトナムの勝利へと導いた。

この民衆的防御の特徴はなんだろうか。何よりもまず、民衆が闘争せざるをえないほど、アメリカ軍からの攻撃に対して嫌気が差していたという、マインドセットの問題がある。とにかく何もせずに死ぬことだけはごめんこうむりたい、ということだ。次に、当地の地理感覚や土着環境をベトナム民衆が知りつくしていたことが挙げられる。これは米兵のみならず、ともすれば北ベトナムの軍隊すら把握しきれていなかった。つまり、民衆はそこに住まう人々であり、そのリアルに裏打ちされた〈戦術〉で敵の〈戦略〉を躱すことができた。また、武装しているとはいえ元々は農民である。武器は鎌やナタのようなレベルであったこともある（もちろん銃を手にして戦ったゲリラもいる）。大小さまざまな武器を民衆が手に取ることができたことで、総力戦となった。そして、その動機は「自分たちの生活圏を自分たちで守る」というきわめて切実なものだった。ここで強調しておくべきことは、国家が擁する軍隊に対しても、武器を持った民衆が勝ってしまう事例がある、ということだ。

このように、民衆が防御に乗り出したとき、その暴力は肯定されるべきではないだろうか。もちろん、国家などヒエラルキー上位からの暴力に抗して自身を守る闘争において、である。このため、アメリカのトランプ主義者やブラジルのボルソナロ支持者、はたまたその辺の右翼と呼ばれる者たちによる一見民衆の暴力に見えるようなものは、本書では否定される。これらは、国家や統治機構や政治家、あるいはヒエラルキー上位を肯定するための暴力である。

ここから、反操行の民衆的防御の現在の事例を見ていきたい。ヴィリリオが提示したもの以上の、「これぞ民衆的防御！」と呼べるような事例を二つほど紹介しよう。

サパティスタ民族解放軍（EZLN）

「もうたくさんだ（Ya Basta）」

反操行の民衆的防御の事例として、まずメキシコのサパティスタ民族解放軍（EZLN：Ejército Zapatista de Liberación Nacional）を取り上げよう。

EZLNは、「尊厳」をめぐって闘っている。EZLNのマルコス副司令官はこう述べている。

革命とは本質的に倫理、モラルの問題となる。革命は、富の分配や生産手段の奪取よりも、人が尊厳をもちうるかどうかの問題となる。尊厳という言葉が強い力を持ちはじめ、それはわれわれの、つまり都市から来た人間の発想ではない、他ならぬ先住民共同体の発想だった。[*75]

一九九四年の一月一日は、メキシコにとっては北米自由貿易協定ことNAFTAが発行される日だった。カナダとアメリカ、そしてメキシコのフリードマン的な企業と国家の連合体による協定によって、事実上、アメリカ資本のメキシコへの流入、それも農産物の流入を許す協定だ。これは、メキシコの農民、それもメキシコ南部で貧困に喘ぐチアパス州の小作農民たちや下働きの農民たちの生活の破壊を意味していた。この日、チアパスのラカンドンという密林を拠点にしていたEZLNは、NAFTAという「死刑宣告」に対して立ち上がった。武装蜂起だ。およそ三〇〇〇人の戦闘員がチアパスの各地で政府関係施設を襲撃した。チアパス州の古都であるサンクリストバルの市役所は、五〇〇人ほどの武装部隊によって占拠され、EZLNの「ラカンドン密林宣言」と「戦争宣言」が発表された。この日から同年一月一二日に至るまで、EZLNはメキシコ軍と武力衝突した。メキシコ軍は先住民居住区に空爆を開始し、世界的に非難される。チアパス各地の農民や先住民はEZLNに同調し、土地を占拠した。農場や牧場などの大土地所有の解体をもくろんでのことである。実際に三〇〇軒以上、計四万ヘクタールに及ぶ土地から大土地所有者が追い出され、耕す人たち、牧畜を営んでいる人たちの手に渡った。軍も警察も介入できぬまま、こうした状況は組織の解体や再編を繰り返しながら、現在も継続されている。「ラカンドン密林宣言」の冒頭では、「いまわれわれは宣言する。もうたくさんだ。[*76]」と述べられている。

また「戦争宣言」には次の六項目が掲げられた。

一、メヒコ連邦軍を打ち破りつつ、首都にむけて前進する。解放闘争を前進させ、市民を守り、解放された人民が自由かつ民主的に自らの行政当局を選出できるようにしよう。
二、捕虜の生命を尊重し、負傷者は医療を受けるため国際赤十字に引き渡す。
三、メヒコ連邦軍兵士や政治警察官の略式裁判を行なう。国内または外国で外国勢力による講義、指導、訓練や経済的支援を受けてきた者は、祖国に対する裏切りの嫌疑で告発される。さらに、市民を弾圧し虐待し、人民の財産を略奪、侵害した者の裁判も行なう。
四、われわれの正義の戦いに合流する決意をしたすべてのメヒコ人とともに新しい隊列を創ろう。敵の兵士であった者でも、交戦することなくわれわれの軍隊に降伏し、サパティスタ民族解放軍総司令部の指令に従うことを誓えば、われわれの隊列に参加できる。
五、戦闘を始める前には、敵の兵営に無条件降伏を呼びかける。
六、EZLNの統制下にある場所から、われわれの天然資源を略奪することを停止させる。[*77]

この後に続く「論説」や、法律の文言を確認すればわかるように、彼らは「野蛮」で「下劣」などとゆめゆめ言えるような武装蜂起の集団ではない。そう、理性が伴った、尊厳を求めた怒りの闘争だったのだ。「論説」ではこのように述べている。

> メヒコの皆さん、労働者、農民、学生、誠実な教師、チカーノ、そして外国の進歩的な人たちよ。メヒコ国家が充そうとしなかったわれわれの諸要求、つまり仕事、土地、住宅、食料、健康、教育、独立、自由、民主主義、正義と平和を獲得するために不可欠な戦いに、われわれは着手してきた。
> 何百年ものあいだ、要求した約束が実行されると信じて、われわれは歩んできた。しかし、なにひとつ実行されなかった。もっと辛抱し、よくなる時を待ちなさいという言葉しか、われわれには返ってこなかった。われわれに思慮分別を求め、将来はきっと違ったものになると口約束してきた。しかし、それが嘘であることをわれわれは知っている。われわれ

の祖父母や両親たちが暮らした時代と比べ、なにも変わらない。むしろ悪化している。われわれ人民は、飢餓や治療可能な病気で生命を落とし、教育を受けられず、読み書きができず、必要な知識をもてない状態に置かれ続けた。われわれが戦わなければ、われわれのこどもも同じ状態に置かれる。そのことをわれわれは悟った。そのような状態が続くことは、けっして正義ではない。

この状態に終止符を打つ必要性から、われわれは団結し、「もう、たくさんだ」と宣言したのである。もはや、われわれの直面する問題の解決のため、他の人間が登場することを座して待つときではないし、われわれはそうするつもりはない。われわれは組織化に着手し、メヒコの歴史のなかでメヒコ人民の最良の申し子が実行してきたように、「武器を取りわれわれの要求を突き付ける」方針を決定したのである。[*78]

正直に申し上げると、この文言も、この後の文言もかなり良い。というか、かなり理性的に怒っている。「もうたくさんだ（Ya Basta）」という言葉でも表されているように、これまでの鬱憤、現状の貧困に対して革命を起こさざるをえないほどに追い詰められていたのが、チアパス州の人々であり、その帰結がＥＺＬＮの武装蜂起だったのだ。

3-6 EZLNの構成員たち

チアパス、抵抗の大地

チアパス州とEZLNの前史について、それぞれ少しばかり触れよう。まずはチアパス州から。

一九九〇年時点でのメキシコの国勢調査では、チアパス州には公用語であるスペイン語を話さない人々がおよそ二三万人、非識字率は三〇％、第一次産業の就業比率はおよそ六〇％、無収入・最低賃金以下の人々も六〇％と、ネガティブな意味で全国最高の数字を示している。これはつまり、教育が行き届かず、重労働が課され、メキシコ政府の無策が故に、発展に取り残されていった人々が数多く住む場所ということである。もともとチアパスは先住民であるマヤ系のツォツィル族やツェルタル族などが生活している場所で、豊かな自然と、伝統的な農法など、先住民から代々受け継がれてきた知恵に満ちていた。しかし、先の「論説」にもあるように、何百年もの間、近代化の過程で搾取と差別と虐殺の対象となってきた。もちろん、こうした状況に対して、抵抗してこなかったわけではない。いやむしろ、チアパスの歴史とは抵抗の歴史でもある。

一八六〇年代後半、「カスタ戦争」と呼ばれる先住民の反乱が幾度も生じた。また、EZLNは自らの名に「サパティスタ」を掲げているが、これはメキシコの革命家であるエミリアーノ・サパタからきている。サパタは、一八七九年に生まれ、一九一九年に暗殺されたアナキストで、土地の分配に関する活動家であると同時に武装闘争の先人でもあった。「強奪された土地・森林・水利などの財産は、正当な権利を有する村及び人民が直ちに保有するものとする」という「アヤラ綱領」を発表し、この綱領をメキシコ政府に認めさせるべく武力を用いた。当時の政府軍に暗殺されて亡くなったものの、その後このアヤラ綱領が取り入れられた。いわばメキシコの農民たちの英雄である。

一九一〇年代にサパタも参加したメキシコ革命が起こり、大農園の解体や農地配分が一気に広がるかと思われた。しかし、チアパス州では、一九〇〇年ごろから続く大農園主の制度が引き続き支配的だった。チアパス土地植民会社（一八〇万ヘクタール）、チアパス・メキシコ植民（二〇万ヘクタール）などの外国資本出資会社の所有地などによって「プランテーション経営や木材開発が行なわれていた。チアパス州の農民の大部分は、太平洋岸ソコヌスコ地方のコーヒー、カカオ、綿花などの大農園、海岸部やグリハルバ川中流域に牧場を所有する大農園主の支配下におかれた[79]」。

革命後には、「エヒード制度」という土地や村落の共有制度が認められたが、事実上大農園主制度のままであったり、貧しい土地だけがエヒードとして認められるだけであったりと、牧畜や農業に従事する者たちは辛酸を嘗め続けていた。この間、チアパスの農民たちは実力行使で土地を占拠して闘争を繰り広げていた。「土地は耕作する者のものである」というサパタの精神は、彼の死後も農民・牧畜民に広く受け継がれていたのである。

この他にも、一九七〇年代には「先住民のための先住民の会議」が開かれ、ツェルタル、ツォツィル、トホラバル、チョルといった四部族が結集し、「土地、保健衛生、商業、教育という主題を巡って、個別に抱える問題を紹介しあい、当局側の不誠実な対応や腐敗を告発[80]」するなど、運動が盛んになっていく。チアパス高地のラインサールという場所では、良質の土地が大農園にとられ、周辺部のあまりよくない土地に先住民が追いやられていた。これに対し、先住民たちは良質の土地を実力行使で占拠し、大農園主を追放。メキシコ政府が派遣した軍隊との武力衝突も起きたのだが、なんとか大統領令によって共有地として認めさせていったという運動もある。こうしたなかにあって、チアパスの密林地帯ラカンドンでもエヒード連合が組織化されていった。そこにEZLNが入り、武装闘争の準備を進めていったのである。

もちろんメキシコ政府も黙ってはいない。こうした運動を徹底的に弾圧するべく、各地に軍隊を派遣して先住民たちを虐殺。さらに、フリードマン型のネオリベ政策を実行していく。国営企業を縮小して民営化し、コーヒー関連の公社も解体し、エヒードの分割・売買・譲渡などを可能にする法改正をおこない、「全国連帯計画」という超ダサい名前の政策を打ち出した。

これに抵抗しないわけにはいかない。一九九二年にはサンクリストバルに二万人以上の先住民たちが集まり、デモ行進をした。チアパスの征服者ディエゴ・デ・マサリエゴスの銅像を引き倒し、破壊した。植民地支配の象徴が打ち倒されたのである。こうした怒りの蓄積がEZLNの蜂起として表出したと言っても過言ではない。つまり、一九九四年のNAFTA発効をきっかけに突如EZLNが武装闘争を繰り広げたわけではない。NAFTAは引き金にすぎなかったのだ。

人民に仕える組織

次にEZLNについて。まず、EZLNのスポークスマンであるマルコス副司令官は、先住民ではないようだ。メキシコ政府の調査によれば彼の「身元」は、一九九五年当時で四〇歳弱、メキシコ湾岸港町タンピコ出身で、メキシコ国立自治大学の哲学科を卒業後、首都の別の大学のコミュニケーション学科講師として勤めていたそうだ。ちなみに、彼は指導者のように見えるが、EZLNの司令官は、あくまで先住民や農民・牧畜民といった人民である。そのため、彼は副司令官を名乗っているわけだ。

　ＥＺＬＮは、一九八三年一一月には基盤が出来上がっていたと言われる。[*81] 当初はマルクス＝レーニン主義的な革命戦線として登場したようであるが、似たような武装闘争集団がいくつもあるなかで、多くが「暴力的な権力の行使とマフィア的行為、地域、あるいは一国内にしか及ばぬ狭い視野[*82]」にすぎなかった。これに対してＥＺＬＮは先住民世界に溶け込み、そこから運動を立ち上げていこうとしていた。そのため、「政治・軍事指導部の人数はかぎられており、それ以外の戦闘員はエミリアーノ・サパタの農民兵のごとく、蜂起のときに武器を手に取り（旧式のピストルである場合が多いが）、やがて再び日常の生活に戻る農民であった[*83]」。都市からやってきた頭でっかちな哲学科出身の革命家は、先住民に出会うことで、立場が逆転していく。指導する立場ではなく、指導される立場となった。だからこそ、先住民反乱としてＥＺＬＮは支持されるようになっていったのだ。

3-7 マルコス副司令官

　フーコーがＧＩＰを組織していた際、受刑者の声の増幅器として知識人が機能していたように、マルコス副司令官もあくまで先住民に仕える立場として、先住民の運動を拡大させていった。ここでは、先住民が理想化して語られ、組織化されているわけではないことに注意しよう。イボン・ル・ボによれば、「「習慣」（伝統）が理想化されていたり、あるいはその問題にヴェールがかけられていることすらあるが、しかし、サパティスタ運動はそのような村落共同体から生まれてきたのではなかった。彼らの基盤は基本的に、伝統的共同体と袂を分かった先住民と、同じくらい閉鎖的な制度である農園から解放された先住民たちから成っていたのだ[*84]」。

それまでの先住民運動は、国家に対しては単なる弱小集団であり、相対的な立場にあるだけだった。つまり国家に対峙するミニ国家であり、結局はそのミニ国家内のヒエラルキーに基づいて運動が展開されるのみであった。ＥＺＬＮに参加する先住民たちは、そうしたヒエラルキーを廃止し、長老会議やシャーマンの権力をなくし、合意に基づく民主主義のスタイルを取り入れ、それまでの先住民の合議スタイルも織り交ぜつつ、それぞれの地域ごとの民主主義をつくり上げていくことになった。これにより、長老の男性中心主義的な先住民の議論のあり方は変わり、女性や子どもたち、あるいはより苦しめられてきた人々の声が合意形成のなかに響き渡ることになった。マルコス自身、この合意形成のモデルの利点と問題点についても語っている。

この形態の民主主義は村での生活においてのみ可能であると思う。これが先住民共同体において機能しているのは、彼らの社会組織がこの形態の民主政治に対応しているからだ。だが、同じ形態が、たとえば都市部であるとか、州や国家のレベルにも普遍的に移植可能であるとは思わない。重要なのは、集団が権力を管理するというその考え方なのだ。[*85]

民主主義の多様性

マルコスは、民主主義についてもこう述べている。

ＥＺＬＮが主張しているのは、選挙による民主主義だけが民主主義ではない、選挙民主主義もよいがそれだけでは十分ではないということだ。民主主義という概念には、一国内のさまざまな形態の民主主義の営みが含まれるべきだ。そのひとつが選挙による民主主義であり、そのためにはたくさんの財源と改革、選挙の可能性を開く真の意味での革命が必要だ。しかし、代議制民主主義とは別の形態の民主主義が存在しており、それが村において管理と統治の役割を果たしているということも認識するべきなのだ。メヒコの法体系は村で実践されている共同体民主主義を認めていない。労働組合や学生組織、都市区、農村社会ではそれぞれ別の形態の民主主義が実践されているのだ……民主主義とはきわめて広い概念であり、開かれなければならないということを国家は認めるべきだ。そうすることが民主的なのだ。そして、さまざまな民主主義のどれかがその他のものよりも優れているということなどないということも認めるべきだ。政府は、直接民主主義や寄り合いの民主主義よりも代議制民主主義のほうが政治的に格が上だと考えているが[*86]。

ここで、「はじめに」でも挙げた「暴力に屈せず、民主主義を断固として守り抜く決意示す」という岸田の言葉を思い出そう。ここで岸田が言っている「民主主義」とは、選挙を通した代議制民主主義にすぎない。仮に「直接話し合う」ということを民主主義の定義とすれば、代表（＝つまり国会議員）に話し合いをお任せしている時点で、私たちの民主主義ではない。マルコスが言うように、議題について直接投票で済ませる民主主義（海賊がよくそうやっていたらしい）、家の中で話し合う民主主義、（半ば宗教的な）儀式で決める民主主義、オキュパイ・ウォール・ストリートで開かれていたような民主主義（アッセンブリー）、イロコイ族やヒューロン＝ウェンダット族の民主主義、民俗学者・宮本常一《みやもとつねいち》が対馬で見聞きした全会一致制の民主主義など、スタイルもやり方も多様だ。民主主義はそもそも一つではないし、代表制民主主義は民主主義と名はついているが、擬制としての民主主義でしかない。

マルコスは一応この代議制も求めつつも、さまざまな領域における民主主義を認めるべきだと主張しているわけだ。そもそもヨーロッパが民主主義の発祥地であるというのも、神話的で怪しい。ヨーロッパではほとんどの時代が王政であったが故に、民主主義的に国家が成り立ったことなどない。フランス革命が起こったのも、アメリカ先住民の議論の方法がヨーロッパに移植されたからだという説もあるくらいだ。[*87]

EZLNの〈戦術〉

いずれにせよ、EZLNはひたすら痛めつけられてきた歴史的事実から逃げることなく、民主的に徹底的に話し合いながら、自らの尊厳のために闘争を開始したのである。一九九四年に闘争を開始し、その後もう一度政府軍と交戦があったものの、現在に至るまで、武装しつつも、基本的には政府と武力は交えていない。交渉や折衝を通してチアパス州での独立的な立場を保ち、先住民たちの生活を支えている。では、もし彼らが武装を解除したら、どうなるだろうか。本書をここまで読んできたみなさんならお察しのとおり、メキシコ政府による蹂躙が待ち構えている。マルコムXがそうしていたように、暴力を行使せずとも常にちらつかせ、相手をビビらせて対峙することが重要となる。もちろんそれは民衆的防御という目的のためである。

EZLNは、交渉の際にも民主主義を徹底する。停戦の際に、メキシコ政府との話し合いの場が設けられたことがある。そのときにも、「民主主義には時間がかかること」「和平のリズムがあること」が述べられた。ＥＺＬＮの政府への要求は至極真っ当で、三四項目あった。何よりも民主主義と尊厳を権利として認めること、土地を先住民や農民のものとすること、医療従事者や病院の整備、インフラの整備、教育の充実、真っ当な裁判の実施、数多くの補償、子どもたちへの食糧の供給、女性の地位の向上、あらゆる政党とは関わりのない委員会の設置などである。それに対して政府はグダグダしつつ雑な回答をよこし、その回答をＥＺＬＮは丁寧に各地域の各言語に翻訳し、かなりの時間をかけて議論をおこない、政府の回答案を最終的に拒否した。ＥＺＬＮについて研究している人類学者のグルバチッチとオヘアンはこう述べている。

政府との交渉や協調（国家への忠誠）は戦略的作戦であり、国家の外側の市民社会への忠誠を定義するのみならず、国家からの出口（自治）の構造を展開するための機会を見定め、賛同を得るためにおこなわれたのだ。[*88]（筆者訳）

つまり、メキシコ政府とはもちろん誠実に対話するが、誠実に対話することで国家の欺瞞を表出させ、市民社会からの支持も得るという目的もあった。そうすることで、自由と民主主義と尊厳を獲得するという自らの立場を明らかにしたのだ。

「われわれは無茶苦茶だよ！」

細かいことを述べると、ＥＺＬＮもすべてが民主主義的ではない。それは、生存に関わる点だ。公衆衛生の問題に関しては、民主主義的に話し合うのではなく、むしろＥＺＬＮが率先してトイレを設置し、予防注射を義務化した。多くは村々の合意によって義務化されたが、民主主義的ではない仕方で決定が下されることもあった。いずれにせよ、人間として生きる尊厳のための闘争を繰り広げていたのは事実である。こうした「矛盾」を孕《はら》みながらも、その矛盾をマルコスは笑いながら、語っている。

われわれは無茶苦茶だよ！　社会的構成の面から言えば、われわれは先住民の、あるいは先住民が大半を占める武装運動だ。政治的には、われわれは市民的要求を掲げて武器をとった市民の運動だ。われわれはこんな喩話をするんだ。警察に不満があるからといって、自分が警官になることで解決しようとする市民はいないだろう。もし警察がうまく機能しないのなら、市民は警官になろうとするのではなく、より良い警官を配置するよう要求するのだ。このことはＥＺＬＮの提起に通ずるところがある。われわれは権力を批判する。しかし、だからといってわれわれは権力を排除しようとしているのではなく、適正に機能し、社会の役に立つ権力を求めているのだ。消防士や公務員についても同じことだ。政府庁舎の役人に抗議する人びとは、「私を役人に登用せよ」とは要求しないだろう。そうではなく、きちんと役に立つ人間を登用することを要求するのだ。EZLNの要求はまさにそれであり、それはきわめてラジカルな要求だ。[*89]

きわめて真っ当である。それぞれの持ち場があり、それぞれの仕事がある。そうなのに、なぜ政府がクソならば、いまから私たちが政治家にならねばならないのか。もちろんなってもいいが、ならなくてもいい。国家はさんざん要求をするくせに、なんの見返りもよこさない。あまつさえ私たちを殺そうとさえしてくる。ならば、防御をしなければならないし、こちらの要求を呑ませるしかない。だから、「われわれは権力奪取を考えたことはなかった。それはわれわれの目標ですらなかった。他の者が権力について、われわれの要求を解決すべきだと考えていたのだ[*90]」。EZLNはメキシコ政府に代わって権力を手に入れようとしているわけではない。権力を奪取せずに、世界を変えることが目的なのである。

自身の消滅を目指す組織

もう一つの大きな「矛盾」について、マルコスはこう述べている。

われわれは、闘争目標の達成のためには武装集団としてのわれわれが消滅しなければならないという矛盾をかかえている。軍隊としてのわれわれは消滅し、平和的手段に移行していくべきなのだ。しかし、政府のことを考えると、われわれは武装しつづけなければならない。平和的手段に移行すれば、死かあるいは消化のプロセスが待っているだけだからだ。殺されることよりも、飲み込まれ、われわれが「政治家」になってしまうことの方が恐い。特にメヒコでは、「政治家」という言葉は軽蔑的な意味を持っているのだ。[*91]

ＥＺＬＮは、人を殺したいわけではない。ひたすら尊厳の要求をし、民主主義の確立を模索する集団なのだ。武装はしているが、事実上現在に至るまで、武装・非暴力の戦略によって交渉をおこない、先住民たちに支えられながら、インターネットなど同時代のテクノロジーにも依拠した、きわめて古くも新しい集団なのだ。マルコスは「ＥＺＬＮは自殺願望を持っている。われわれを殺して欲しいという意味ではない。軍人としてのわれわれを消滅させたいのだ[*92]」とも述べている。

彼らは武装組織でありながら、武装組織ではないあり方を模索している。もっとも平和を希求する軍事組織として、いまもなお途上にある実験的集団なのである。マルコスがＥＺＬＮとは異なる別のゲリラ部隊（人民革命軍）へ宛てた手紙の末尾でもこう述べている。

あなた方は、権力をめざしてたたかう、われわれは、民主主義、自由、正義を求めてたたかう。同じではない。仮にあなた方が成功し、権力を握ったとしても、われわれはなお民主主義と自由と正義を求めてたたかい続けるだろう。権力の座に誰がいるかは問題ではない。サパティスタは常に、民主主義と自由と正義を求めてたたかい続けるのだ。[*93]

敵は権力であるが、権力を奪取することが目的ではない。自らの生存を誰かに決めてもらうのではなく、民主主義を求める。それは国家の代表を決めることではなく、生存に関わる諸々の決定を話し合うことだ。そこでは常に自由と正義を希求し、その帰結として、現在のEZLNがある。もちろん、この組織の運動は現在進行形である。蜂起から三〇周年を迎えたばかりの二〇二四年一月七日にはいくつかの部局が廃止されたものの、人民の尊厳が踏み躙《にじ》られることがあれば、彼らはいつでも牙をむくだろう。

ロジャヴァ革命

アラブの春のうねり

もう一つ、現在進行形で民衆的防御を実践している事例を見てみよう。これまた国家に抗する、別様の抵抗である。その名は、「ロジャヴァ革命」。ロジャヴァとはクルド語で「西」とか「太陽が沈む場所」という意味であり、この地域を指す際にも使われる。この革命は複雑な状況で起こったため、解説するのがかなり難しいが、なるべく簡潔にお伝えできたらと思う。

二〇一一年ごろの「アラブの春」を覚えているだろうか。チュニジアで若者が路上で露店を出そうとしたら、警察に品物が没収された。失業率がきわめて高かったチュニジアでは、人々はなんとか日銭を稼ぐべく必死だった。警察に品物を没収された若者は、もうダメだとブチギレて、体にガソリンをかけて抗議の焼身自殺をはかった。決起である。これが広まり、大規模なデモへと変わっていった。失業率の改善だけでなく、人権侵害など、二〇年以上にわたるチュニジアの長期政権の政治腐敗を告発し、政権交代を成し遂げた。これは「ジャスミン革命」とも呼ばれているが、このうねりがエジプトなどのアラブ諸国に広がっていった。エジプトのムバラクも退陣に追い込まれ、リビアのカダフィも内戦を経て殺害され、他にもバーレーンでデモ隊が弾圧され死者を出すなど、抵抗の波が広がった。これがアラブの春だ。

そして、シリアにもこの波はやってきた。クルド系の人々が住む北西部の土地で、アサド派の勢力を追いやることができた。まさに革命的な出来事だ。しかし、その空隙を狙って、反体制派のなかでもイスラム原理主義の「ダーイシュ」こと「IS（イスラム国）」がやってきて、北西部を一気に制覇してしまった。それに抵抗をしたのが、クルド系の人民防衛隊こと「ＹＰＧ（Yekîneyên Parastina Gel）」である。ＩＳに侵略されていたシリア北部のコバニという街を奪還し、その後シリア北西部の街々を次々とＩＳから解放していった。二〇一二年の七月一八日には北部にあるシリア体制派の政府施設を占拠し、アサド系の行政官を退去させ、「ロジャヴァ共和国」が宣言された。これがロジャヴァ革命である。このときから、ＹＰＧのみならず、女性防衛隊こと「ＹＰＪ（Yekîneyên Parastina Jin）」も軍事組織として立ち上がり、男女問わず武器を持ち、現在に至るまで、ＩＳのみならず、トルコ軍に対しても防御戦を展開している。

ロジャヴァ革命の先進性

この革命にはＥＺＬＮの影響もあるという。国家的に独立を目指さないという点であったり、民主主義を何よりも重要視する点であったり、女性の地位向上を図るという点だ。とりわけロジャヴァ革命では、女性が活躍できるようなあり方を制度的に組み込んでいる点が目をひく。もともとＹＰＧは二〇〇四年に設立され、「クルディスタン労働者党、ＰＫＫ（Partiya Karkeran Kurdistan）」や「シリア・クルド民主統一党、ＰＹＤ（Partiya Yekîtiya Demokrat）」の軍事部門別働隊として教育・訓練され、実際には二〇一二年に活動がはじまった。男女混成の部隊であり、五万人ほどで構成されているという。一方ＹＰＪは女性のみの部隊であり、一万人ほどではあるが、かなり強い部隊として知られている。ファッション誌の「マリ・クレール」でも特集が組まれ、[*94] そのなかで「私たちはシリア政府から自由になるべきです。私たちはシリア政府に頼ることなく自分たちでこの地域を管理する必要があります」と述べ、「私たちは男性ができることと皆同じことができます。女はすべてをすることができるのです。私たちに不可能はありません。家にいたとき、男たちは、皆女は家を掃除するのみで、外に出ないものなのだと考えていました。ですが、私がＹＰＪに加わってすべてが変わりました。武器をもち、戦闘し、男が女にはできないと考えていたあらゆることができると彼らに示したのです」とも述べている。

3-8 PKKの兵士たち

女性、そして民主主義に関する議論を展開し、それを基に実行されているロジャヴァ革命。この先進性はどこから来ているのか。アブドゥラー・オジャランという思想家・活動家・戦士の影響が大きいとされている。

オジャランはＰＫＫの党首である。一九四八年に生まれ、七〇年代後半にはアンカラ大学で

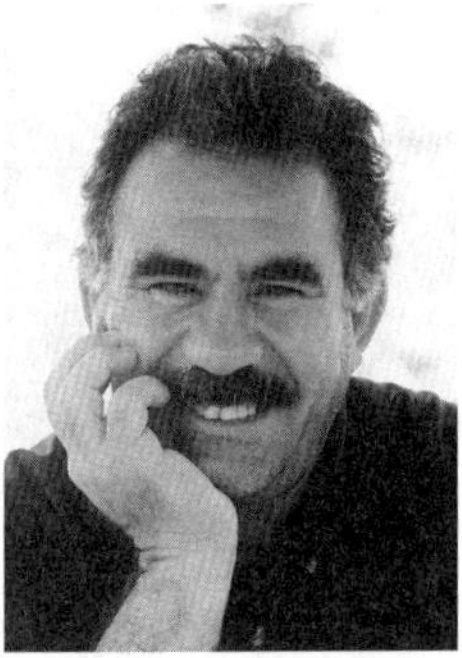

3-9 アブドゥラー・オジャラン

政治学や哲学を学び、学生運動に身を投じていた。大学時代は「イデオロギー・グループ」というセクトに参加していた。七八年にＰＫＫを結成し、マルクス・レーニン主義によるクルド人の民族解放を目指す武装グループとして活動を開始。この当時のトルコではクルド人は存在しないものとされており、冷戦下であったため、マルクス主義の研究や集会はもちろん、政治参加なども当然不可能であった。[*95] つまり、ＰＫＫは非合法政党として出発したのだ。トルコの山岳地帯を拠点にし、トルコのみならず、イランやイラク、そしてシリアにも拠点をつくっていった。レバノンでは訓練キャンプ場をパレスチナゲリラと共同で借りて、軍事訓練をおこなっていた。八〇年代になると、トルコ軍へのゲリラ攻撃や政府施設の攻撃、警察への攻撃など激しい闘争を繰り広げるようになった。九〇年代に冷戦が終結すると、次第に軍事よりも政治的な交渉を志向するようになるものの（ソ連のサポートがなくなったがゆえ）、軍事行動は続いていた。この間、オジャランはギリシャやイタリア、ケニヤなどで工作活動をおこなっていたが、ＣＩＡやモサドからの通報によって逮捕され、トルコに送還された。死刑判決を受け、現在もマルマラ海に浮かぶ監獄島であるイムラル監獄に収監されている。この死刑判決の前に、オジャランはアナキストに転向する。これまでクルド人が住んでいた地域の分離や独立を要求していたのであるが、それを撤回したのだ。そして獄中でクルドの民族史やマレイ・ブクチンの思想、ジャネット・ビールの思想、他にもフーコーやイマニュエル・ウォーラーステインなどを読み漁り、そこからロジャヴァ革命の着想を得ていったという。こうしたオジャランからの影響もありつつ、PKKは独自に進化を遂げていった。EZLNへのシンパシーからマルクス・レーニン主義を捨て去り、アナキズム的な脱中心的、民主主義的な政治のあり方を模索するようになったのだ。

国家を持たない最大の民族、クルド

さて、ここでいったん「クルド人」についての基本情報を共有しておきたい。ご存じの方は数ページ飛ばしてくれて構わない。あるいは、復習がてら読んでみてほしい。

クルド人は、「国家を持たない最大の民族」と呼ばれている。日本では入管の問題で苦しい立場に追いやられているクルドの人々について、ニュースで見たことがあるかもしれない。彼らがなぜトルコから日本にやってくるかといえば、ただ端的に、殺されるから、である。殺されなくとも、先述のとおりトルコ独立の父と呼ばれるケマル・アタチュルクの時代以来、トルコではクルド人なるものは存在しないとされてきた。現在では若干の修正がされて、クルド人の存在は認められるようにはなったものの、差別の対象、殺戮の対象、邪魔者というのがトルコ政府の代々の見解であろう（例外もいたにはいた）。クルド人の人口は二〇世紀末の時点で二五〇〇万人ほどとされ、トルコ共和国に一三〇〇万人ほど（総人口の二〇％）、イラン・イスラム共和国に六〇〇万人ほど（総人口の一〇％）、イラク共和国に四〇〇万人ほど（総人口の二三％）、シリア・アラブ共和国に一〇〇万人ほど（総人口の九％）住んでいると言われている。他にもアルメニアやアゼルバイジャンにそれぞれ一五万人ほど、ロシアに一〇〇万人ほど、西ヨーロッパに一五〇万人ほど（うちドイツは五〇万人ほど）のクルド系の人々が暮らしている。このクルド系の人々が主に住まう場所は、「クルディスタン」ともいう。地域としてもかなり広い。イラン西部のザグロス山脈地帯からイラクのメソポタミア平原、そしてトルコのアナトリア平原に至る。五〇万平方キロを超えて、地中海方面へと抜けてゆくが、多くは山岳地帯であり、遊牧民のクルド人も現存している。またこのクルディスタンに住まう人々すべてがクルド人というわけではない。トルコ人もいれば、アラブ人もいるし、ペルシャ人もいれば、アルメニア人もいる。他にもアッシリア人やグルジア人、チェルケス人などなど多くの人々が住まう。もちろん、クルディスタンの外にもクルド人はたくさんいるのは先にも示したとおりだ。[*96]

クルド人は紀元前二〇〇〇年にシュメールの碑文にも登場し、古代ギリシャの文章にも勇敢な戦士として登場するが、七世紀以降はアラブ世界に支配される。「クルド」は「遊牧民」を意味したり、「略奪者」を意味したり、ただ単に「クルド語を喋る部族」を意味したり、時代ごとにさまざまな変遷があった。[97] 一〇世紀くらいからイラン北西部からイラク北部、アナトリア東部の山岳地帯がクルディスタンと呼ばれるようになった。現在のモスルを根拠地としたザンギー朝（一一二七年〜一二五一年）にはサラディンというクルド系の武将がおり、数々の武勇伝を残している。サラディンは現在のシリア北部にもクルド人を移住させていき、より広域のクルディスタンが形成されるようになった。[98]『コーラン』には、クルド人は「激しい力を持った民」なんて記述もある（まさに暴力論にふさわしい記述である）。

3-10 クルディスタン

オスマン朝は、クルド系の領主たちをうまく懐柔しつつ、支配しつつ、ゆるい協力関係にあった。イランのさまざまな王朝（サファヴィー朝など）とも同じような関係で、時に対立しつつも、近代以降のようにクルド系であるからといって殺戮の憂き目にあうようなことはほとんどなかったようだ。しかし、次第に近代に近づくと、国境の民としてのクルド人たちは分裂・分割してしまう。それによって、クルド人同士の抗争なども勃発するようになった。一九世紀以降には、クルドの民族主義運動が次第に活発化していく。各地で反乱が起こり、それは二〇世紀初頭でひとまずの頂点に達する。その帰結がセーヴル条約（一九二〇年）である。

第一次世界大戦の終結と共にオスマン帝国はヨーロッパ列強によって領土が分割されることとなった。分割について定めたセーヴル条約には、クルディスタンという国名が入った。西はユーフラテス川から東はイラン国境まで、北はアルメニア国境から南はモスル周辺域までをその領土とし、トルコ内の自治政府としてイギリス・フランス・イタリア・トルコ・クルドによって統治され、一年以内に住民の過半数が希望すればトルコから独立できる、という条件である。事実上の独立が盛り込まれている。もちろん、実際のクルディスタンよりも領土は縮小しているし、クルド社会のなかでも領土問題で分断が生じた。とはいえ、国家独立は悲願でもあり、このまま独立できるなら独立するに越したことはない。しかし、トルコ側も黙ってはいない。トルコ独立戦争が起こる。ヨーロッパ列強がいけしゃあしゃあとサイクス＝ピコやらフセイン＝マクマホンやら訳のわからない二枚舌三枚舌の密約を交わしたりしているなか、トルコはのちの大統領となる軍人・ケマルが暴れていた。このとき、彼は「オスマン帝国のムスリム」によるアラブ地域以外の独立を掲げていた。ここにはトルコ人もクルド人もそのほかの人たちも、この地域でムスリムである以上は、このカテゴリーに入ることになる。ケマルはアンカラに新政府を樹立させ、ソヴィエトの軍事力を背景に戦争を続け、ついにはセーヴル条約が破棄され、ローザンヌ条約が締結された。これが、ほぼ現在のトルコ領土についての取り決めとなる。トルコ共和国の成立だ。

トルコにおける大弾圧

トルコ共和国では、非トルコ系ムスリムの民族に対して「トルコ化」を強制した。トルコ系に次ぐ人口を占めるクルド系の人々も同化政策が強いられることになる。クルド語の使用は禁止され、もちろん教育現場などの公的な場所での使用は認められなかった。クルド語の地名もトルコ語に変更され、トルコ共和国内ではクルド人なるものは存在しなくなっていった。この間にクルドの人々のなかでも、トルコ化に抵抗する人々、同化に融和的な人々、状況依存型(クルド民族主義者化もすれば、反ケマル主義者にもなり、はたまたケマル主義者にもなる)といった人々がいた。

そうした状況にあった一九二五年、「シャイフ・サイードの反乱」というものが起こった。サイードはイスラムのなかでも神秘主義的な傾向を持つナクシュバンディー教団の宗教指導者であり、クルド系の民族主義者でもあった。クルド人国家の建設を掲げたサイードの反乱は二カ月にわたり、トルコ共和国に打撃を与えた。しかしサイードらは鎮圧されてしまい、これがケマルに独裁化への道を許すことにもなってしまった。つまり、政敵を完全に陥れるための法廷の設立や治安維持法の整備がなされるようになり、宗教の脅威が強調されるようになるとともに、クルド系の民族主義者には大弾圧が加えられるようになっていく。この路線が今日まで続いているとも言える。

このあとにもアララト山の反乱（一九三〇年）やデルシィムの乱（一九三七〜一九三八年）など数々のトルコ政府vs「山岳トルコ人（クルド人は存在しないが故にこう呼ばれた）」の闘争が勃発していった。トルコ政府がクルド人を弾圧すればするほど、クルド系の人々は自らの民族アイデンティティを持つようになっていく。

ちなみに、クルド系の人々は全員がムスリムだというわけではなく、アレーヴィ教やヤジィディ教、あるいはゾロアスター教など、さまざまな信仰をしている人々がいる。しかし、世俗主義者が多く、それぞれの宗教に対しては、日本の冠婚葬祭とかと似た感じでとくに気にしない、というのが私が会ってきたクルド系の人々の印象ではある（もちろん私が会った範囲では、である）。イランやイラクなどにおけるクルド人の抵抗運動なども紹介したいが、紙面の都合上割愛しつつ、いよいよシリアの話をしていこう。

なにもしなかったら、やられるだけ

先に述べたサラディンの時代から現在に至るまで、シリアにはクルド人がたくさんいる。シリア共産党のほとんどのメンバーはクルド人だし、シリアのイスラム法曹界の幹部の多くもクルド人が占めているという。[*99] とはいえ、多くのクルド人がシリア国籍を剝奪され、移動の自由、選挙権、私有財産権、公務員就労資格、公立学校入学資格などがない。トルコと同じように、クルド語は使用を禁止され、クルド語の地名はアラビア語へ変更され、差別が続いている。一方で、アサド政権がトルコ政府と敵対した折、PKKをシリア国内で保護しながら、トルコ国境の緩衝役として利用していた。また、名目上、二〇〇二年以降はクルド人にシリア国籍を与える大統領令を発したが、クルド系住民にとってアサド政権は信用ならず、ほとんどのクルド系の住民は国籍取得をしていない。

またPKKのシリアでの政党PYDが事実上、シリア北部のクルディスタンでロジャヴァ革命を遂行し、「民族・エスニック集団、宗教・宗派の多様性が強調され、クルド語による教育も行われるようになった。だが、住民はイスラーム国などのテロに晒され、米国が主導する有志連合による「テロとの戦い」への参加を余儀なくされる一方、PYDをPKKと同根の「テロリスト」とみなすトルコの執拗な介入に直面するなど[*100]」、かなり厳しい状態であるのはたしかだ。

ここまで見てきたように、クルドの民はヨーロッパ列強や国民国家に蹂躙されつつ、慎ましくも激しく抵抗をしてきた人々であることがわかるだろう。そしてYPG／YPJはそうしたなかにあって、暴力的に防御する状況にある。なにもしなかったら、やられるだけだからだ。また暴力に訴えているとはいえ、彼ら・彼女らの指針には「市民を標的にしないこと」や「反撃の対象を軍部や警察関連の組織に限定すること」がある。本書で提起していきたい反暴力の常套手段である。

また「クルド人問題」と一口に言ってもかなり複雑である。ヨーロッパでは、トルコのＥＵ加盟が焦点となっているが、クルド人の虐殺が問題視されている。トルコ政府はトルコ人以外に対しての人権侵害はお手のものだ。いくらＥＵ加盟のための方便として死刑廃止を取り入れようとも、日常的にクルド人を殺している事実は明らかである。これらの点に関しては、昨今書籍や映画が出ているのでぜひチェックしてほしい[*101]。

コンフェデラリズム

さて、このようにクルド系の住民が住まう地域は国家をまたいでいる。こうした状況に対して、オジャランはかつてクルド人国家の独立を掲げて武装闘争をしていた。しかし、アナキズム的転換を果たし、基本的には防御のための武装を掲げ、男女平等と女性の自立、エコロジーへの配慮を述べるようになった。徹底された民主主義と、民主主義に裏打ちされた地域の連合によって、クルド人が生きられる場を構想するようになった。オジャランはこうした思想を

「コンフェデラリズム（Confederalism）」と呼んでいる。国家をまたぎ、国家的ではない自治を模索し、国家をつくらないという意味でのアナキズムである。この概念を着想したのは、アメリカのアナキスト思想家であるマレイ・ブクチンの影響であるという。ブクチンの議論を一瞥してみよう。

ブクチンはロシア出身のユダヤ系移民としてニューヨークに生まれ、高校を卒業したのちに自動車工場などで働き、そこで組合活動家として頭角をあらわす。しかし、多くの組合活動が労使協調路線へと舵を切ったため、そうした流れとは異なるアナキズムへと次第に傾くようになる。アナキズムの観点から環境に目を向け、ヒエラルキーと資本主義を原因とした環境破壊について、さまざまな研究成果を発表していく。また、中央集権的ではなく分散型の社会を提示し、「社会のエコロジー（social ecology）」というテーマも研究し、社会運動にも関わっていく。高卒でありながらもこうした業績が評価され、大学教員として教育にも携わるようにもなった。

その後、ブクチンは多くのアナキストが運動に関わることなく、ほぼファッションのような、あるいはライフスタイルのようなものとしてしかアナキズムを捉えていないことに絶望し、アナキズムやアナキストという看板を使わなくなった。*102 代わりに「コミュナリズム」などと言い換えるようになるが、権威やヒエラルキーを否定している意味では、アナキズムの論者であると本書では述べておく。こうした言い換えのなかで出てくるのが、コンフェデラリズムという分散型社会の提言である。ブクチンはこう述べている。

コンフェデラリズムとはこのように、地方分権、地域主義、自己充足、相互依存の総体であり、それ以上のものである。この「それ以上」というのは、ギリシャ人たちが「パイデイア」と呼んだ、道徳教育や人格形成に不可欠なものであり、今日のような受動的な構成体や消費者のことではなく、むしろ参加型民主主義における合理的で能動的な市民権をなすという意味だ。[*103]（筆者訳）

地域分散型の議論は、プルードンやバクーニン、はたまたクロポトキンなどこれまで数々の思想家たちが提唱してきたものであり、ブクチンもその流れにあると言えよう。中央集権的なマルクス主義の議論とも異なり、顔が互いに見える規模でのアッセンブリーに基盤を置き、そこでのメンバーのさまざまなつながりによってなされるネットワークから世界がなるという議論だ。アッセンブリーとは、「議論の場」「話し合いの場」という意味だ。そこに同質的ではないさまざまなグループが集まって話し合う。これがコンフェデラリズムである。この過程でアッセンブリーに参加する人々は自らの意見を発し、自らが社会創造に参加することになる。このことで、参加者も責任主体となり、能動的な市民として自らの責務を果たそうとする。こうしたブクチンによる議論を踏まえた上で、オジャランはこのように述べている。

中央集権的・官僚的な行政・権力行使の理解とは対照的に、コンフェデラリズムとは社会のすべての集団と文化的アイデンティティが、小規模の集会、総会、評議会で自己表現できるタイプの政治的自治を提起するものだ。この民主主義の理解は、社会のすべての階層に政治的空間を開き、異なる多様な政治集団の形成を可能にする。このように社会全体の政治的統合を促進する。政治は日常生活の一部となるのだ。*104（筆者訳）

このコンフェデラリズムのアイデアは、まさにロジャヴァにふさわしい、とオジャランは取り入れた。シリア、トルコ、イラン、イラクにまたがったクルド系のコミュニティを、分散型の地域コミュニティの連合体として組織していくことを提唱したのだ。*105

実際にロジャヴァでは、ボトム・アップの民主主義が実現している。いちばん小さい自治単位は「コミューン（commune）」と呼ばれ、一五〜三〇人ほどのアッセンブリーがある。そのうえで、「地区（neighborhood）」が七〜三

3-11 マレイ・ブクチン

〇ほどのコミューンによって構成される。この規模において「人民の家（peoples house）」というものが運営される。これはなんでも相談所のように二四時間開放された空間であり、そこでご飯を食べたり、簡単な集会を開いたり、催し物を決めたりすることもある。さしずめ公民館のようなものだろうか。さらにこれに加え、「地域（district）」と呼ばれる一つの都市規模、あるいは村落の集合体での会合があり、ここまでで話し合われた議題が「西部クルディスタン人民評議会（MGRK：Meclîsa Gela Rojavayê Kurdistanê）」で議論され、ロジャヴァでの決定事項を定めていく。

ＥＺＬＮのマルコスも言っているが、民主主義とは時間がかかる作業である。ともすれば妥協する作業でもある。しかしながら、その時間と妥協のなかで自分たちの話し合ったことが必ず盛り込まれ、自治なるものが成立するのではないか。日本で、このようなことをしている場所は、ほとんどないのではないか。もちろん、身近な話し合いの場ではほとんど民主主義的に決められるだろうし、政治的な議論にもそういった場がないわけではない。だが、選挙という制度によってなし崩しになり、私たちとはなんら関係のない、ズレた仕方で国家は運営されている。もちろん、ロジャヴァの民衆たちも、ＭＧＲＫの決定にすべて従うわけではない。それぞれのローカルレベルでの慣習もある。そうであるが故に、「あらゆる権力はローカルに支持されつつも、無数のローカルな評議会間の調整に限定されている」[*106]（筆者訳）。上部の決定に対しては可塑的に受け入れて、あくまで自分たちの地域の決定を基に、生活を運営するのだ。

革新的な女性解放

ロジャヴァで注目に値するのが、女性の立場である。共和国全体の規約として、コミューンから評議会までの議論の場において、四〇%以上の女性の参加が義務付けられている。つまり、どの場所でも半分近くは女性がいなければならないという決まりがある。日本などでは往々にして圧倒的に男性多数の場で政治的な決議がおこなわれるが、ロジャヴァでは違うのだ。先にも述べたように、軍事部門にも女性部隊が存在しているし、家父長制が根強い中東社会においては、革新的に「新しい」取り組みである。日本社会にもロジャヴァの爪の垢を煎じて飲ませたいものである。オジャランはこう書いている。

国家は何千年にもわたる家父長制の文化の上に成り立っている。国家制度は男性の発明であり、略奪と略奪を目的とした戦争は、ほとんど生産の一形態となっている。生産に基づく女性の社会的有効性の代わりに、戦争と略奪に基づく男性の社会的有効性への移行が起こった。女性の奴隷化と戦士による社会文化のあいだには密接な相関関係がある。戦争は生産するのではなく、奪い、略奪する。ある特定の状況下では、暴力は社会の発展にお

3-12 PKKの女性兵士たち

いて決定的な役割を果たした。自由への道を切り開き、占領、侵略、植民地主義に抵抗してきたが、そのほとんどは破壊的で否定的なものだ。社会で内面化された暴力文化は、戦争によっても煽られることがある。国家間の戦争の剣と家族内の人間の手は、どちらも支配を象徴していると言えよう。*107（筆者訳）

家父長制を背景に国家が成立し、その国家が暴力を用いて略奪をおこない、戦争を遂行してきた。生産を基盤に据えた女性のあり方とは真っ向から対立してきたのが、国家であり、その国家による戦争なのだ。

もちろんオジャランとて暴力にすべて反対しているわけではない。ここは絶妙なところだ。自由のため、あるいは抵抗のための暴力はもちろん認めている。実際にオジャランが率いたかつてのＰＫＫの実力行使はそうだ。しかし、これも歩みを間違えれば、血で血を洗う戦いになってしまいかねない。そこで、防御のための暴力、「薔薇の理論」を肯定するようになった。ある女性隊員はこう述べている。

私たちの理論は、自分を守る花である薔薇の理論です。生き物はすべて、それ固有の生き方や成長の仕方や他者との関わり方にしたがって、自己防衛の手段をつくり上げねばなりません。その目的は、敵をやっつけることではなく、敵に攻撃の意図を諦めさせることです。ゲリラの戦闘員はこのことを軍事的意味での防衛戦略として話し合ってきましたが、他の分野でも通用します。それは自分を統制する力をつける方法です。人民防衛隊と女性防衛隊は、防衛に大きな意味を持たせています。国民軍は国家に奉仕しますが、民衆を守ることなく放っておくものです。*108

敵の攻撃を諦めさせるための民衆的防御が薔薇の理論である。こうした暴力は肯定すべきではないだろうか。そうでなければ、ひたすら殺され、レイプされ、奴隷にされるのだから。

古くて新しいエコロジー

他にもロジャヴァでの取り組みには目を引くものがある。それは、「エコロジー」に関するものである。これもまたブクチンの議論に影響を受けたものだ。

自然のエコロジー（natural ecology）は社会のエコロジーとなる。ユートピアでは、アナルコ・コミュニズムが原始共産主義に戻っていくのではないように、人間は先祖伝来の自然との即応性に戻ることもない。現在であれ、将来であれ、人間と自然との関係は常に科学、技術、知識を媒介としている。しかし、科学、技術、知識が自然を自らの利益のために改善するかどうかは、人間がその社会的条件を改善できるかどうかにかかっている。革命によって、新しいエコテクノロジーとエココミュニティを伴ったエコロジー社会が実現するか、あるいは、現在の人類と自然界が滅亡するかのどちらかである。[*109]（筆者訳）

人間は自然に戻れるとも戻るべきとも考えないのがブクチンである。科学技術がすでにある以上、それを人間がどう扱うかが問題なのだ。資本主義や国家、そして軍事が科学技術を舵取りするならば、破滅の道へと誘われるだろう。そうではなくて、人間が自然とバランスをとった仕方で科学技術を扱うのであれば、つまり革命的に科学技術を取り扱うのであれば、そこには必然的にエコロジカルな自然と社会の関係が打ち立てられるのだとブクチンは述べている。

こうした観点を引き受けて、ロジャヴァではエコロジーが重要視されている。[*110] そもそもシリア北部の自然環境は危機的な状況である。シリア大統領アサドが率いるバース党が石油や天然ガスといった資源を乱開発してきたことによって、土地は荒廃していた。さらに農業に関しても、シリアに対する世界的な禁輸措置のために化学肥料はまったく手に入らない。汚水処理に関しても、トルコ軍による破壊活動で衛生環境が悪化していた。廃棄物処理に関しても、ゴミ処理場が財政難でうまく稼働できない。そこで、効率的な灌漑《かんがい》の技術について日夜話し合われ、水が少なくとも収穫できる作物を植えるなど、頭を捻っている。また、化学肥料を使わない自然農法など、そもそもクルドの農民たちが伝統的におこなってきた方法で、作物を育てている。ダムもトルコ軍に破壊されないようにＹＰＧが防御をおこなっている。また、廃棄物を出さないようにＤＩＹやリサイクルの道を探り、消費しては捨てるといったサイクルとは決別しつつある。一方で、石油は豊かに採れるが、ロジャヴァでは使用が制限されている。過飽和になることなく、希少性神話を換骨奪胎し（もちろん不足しているものもあるが）、土地と人口に見合った生産をおこなうことで、エコロジカルな運営をおこなっているのだ。一見、「ただ貧しいだけではないか」と思われるかもしれないが、荒廃した土地を元に戻し、過剰にならない範囲でインフラも維持拡大させている。大変地味であるが、偉業ではないだろうか。

ご存じの人も多いとは思うが、現代は「人新世」と呼ばれている。人間の生産物が地層に堆積するようになったのが一九五〇年代からだと言われており、とりわけまっさらな白色に近い地層が黒々としてきたのは、化学肥料が原因だと言われている。[*111] そうしたなかにあって、化学肥料を使用せず、クルドの民が古来よりおこなってきたとされる農法を用いて、食糧生産をしていることは、きわめて新しい。ほとんどの資本主義下の国家で、これが足りない、あれが足りないと商品を年々新しくして売り捌《さば》くのに対して、DIYやリサイクルが当然となっている社会を構築しているのも新しい。また、敵からの防御のために、そして国家権力による攻撃からの防御のために女性が立ち上がっているのも新しい。ロジャヴァ革命のほとんどの姿勢が最先端で、古くて新しいのである。

民衆的防御として

民衆的防御に関して、ヴィリリオ自身が挙げていた事例はベトナム戦争のゲリラ戦であった。たしかに、中央集権的な支配、あるいは外部からの侵攻に対して、各地域の情報を熟知している民衆こそが防御をおこなうことができる、というのはそのとおりだ。しかし、ベトナム戦争は、あくまでアメリカとベトナムの社会主義化をもくろむ人々、つまり国家と国家の対立であったのは否定できない。いかに民衆が社会主義を標榜しておらずとも、国家に抗する国家、つまりフーコーで言うならば反体制の抵抗として位置付けることができてしまう。それに対して、EZLNやロジャヴァ革命はそうではない。国家に対抗する、国家ではない別様のあり方、もっと言えば「国家に抗する、民衆の民衆による民衆のためのあり方」を模索しているがゆえに、反操行としての抵抗に位置付けることができる。ここにこそ、本書における反暴力は位置付けられる。

たとえば、ISは自らを国家と名付けているように、国家に抗する国家の最たるものであり、家父長制原理主義とも言える立場を堅持している。女性は再生産労働以外には従事してはならないし、もっと言えば女性は奴隷ですらある。そうしたISとは異なり、ロジャヴァ革命では、女性が武器を持ち、ISを蹴散らしていく。ISの兵士からすれば、そのプライドはズタズタとなる。なぜなら、彼らにとっては奴隷である女性に敗北するからだ。捕らえられたISの兵士はそのズタズタになったプライドから、ロジャヴァ革命を直視し、改心し、回復していくケースもあるという。[*112] 滅法強いYPG／YPJの戦士たちは、ISが首都として占拠していたラッカも陥落させ、IS占領下の主要都市を次々と解放している。

アナキズム革命として

第一章で「ブルシット・ジョブ」を紹介したグレーバーは、ロジャヴァでのフィールドワークをおこなっていた。グレーバーのロジャヴァ革命についての発言を以下にまとめてみよう。*113

オジャランは権威主義を止めるために、アナキズムを開始し、徹底した民主主義を追求するようになった。そこでは国家的な意味で領土を防御するのではなく、社会と環境、あるいはエコロジーを防御するのが目的なのだという。そのときのアナキズムとは、「組織に反対する」ということではなく、「組織化する際でも、それに強制される必要がない」というものである。つまり、「やりたくないことを強制しない・されない」という原則が基盤にあるアナキズムなのだ。（筆者訳）

このように、グレーバーはロジャヴァ革命を賞賛しまくっている。その一方で、グレーバーは素朴で建設的な批判をも提示している。

私がロジャヴァ革命を支持するのは、革命家が勝利するのを見たいからだ。ロジャヴァでは、クルド人の女性運動が関わっていないところを見つけるのは難しい。トルコやイラクのいくつかの地域では、ほとんど全面的にＰＫＫ党員が熱心に指導しているところさえ、疑いなく家父長制が残存している。ロジャヴァにおいてさえ、多くは隠された形を取ってはいるが、妨害がある。「男性は誰も公にはジェンダーの平等の原理にあえて異議を唱えない」と、ロジャヴァの女性組合イェキティア・スターのオルグは私に語った。「しかし、革命の一年目は、女性への肉体的暴行がほぼ倍増した」。このことが主な理由となって、女性法廷と女性司法委員会が作られ、それにより、地区での「平和と合意」委員会が有罪と判断した加害者男性への処罰が確実に増えた。私がこの点を強調するのはただ、現実の革命的変化というものは、闘いなくしては勝ち取れないし、内部の社会的闘争は外部の目からは見えないからである。*114（筆者訳）

ここまで私たちも確認してきたように、ロジャヴァ革命はアナキズムの革命だ。国家の枠での革命ではなく、地域が分散しつつもそれらが連合した形で起こった革命だ。さらに、女性の地位がこれまでより格段に優位になることで、中東世界に新たなさざなみを起こしてきた。さざなみがいくつも起これば、うねりとなる。世界でも類例を見ない取り組みとして押し広げられる可能性に満ちている。もちろんその道のりは平坦ではない。グレーバーが聞き取ってきたように、国家の独立を要求することを放棄する議論については時間がかかった。その間にメンバーは去っていった。しかし、次第にロジャヴァ革命の実践が悪しき習慣を浄化していったことで、去っていったメンバーも戻ってくることになった。他にもこれまでの習慣との乖離をどう近づけるのか、埋めるのか、拒否するのか、はたまた続けるのかなどのさまざまな議論が起こり、いまもまだ形成途上の革命であることは言うまでもない。しかし、言うまでもなく、闘わずして勝利はないのである。

グレーバーによる三つの疑問点

闘争とは武装だけではない。ロジャヴァ革命が徹底しておこなっている民主主義の過程においてもそれは見ることができる。グレーバーは人類学者としてロジャヴァに赴き、その間に疑問点も持ち帰ってきた。「①階級の問題」「②時間の問題」「③トップダウンとボトムアップの構造の統合」の三点である。

まず、①の階級問題について。ロジャヴァはISに急襲されたなかで逃げてきた人たちの集まりでもある。なかには政府とのつながりがあった人々もいる。つまり、ヒエラルキー上位の連中がいまだ存在しているということになる。女性の地位向上についての話し合いに重点が置かれていること自体はまったく悪いことではない。しかし、その一方でその他の封建制や資本主義、民族エリートなどに対する平等についての議論は、グレーバーはほとんど目にすることがなかったという。

②は、直接民主主義を採用しているがゆえに、議論に時間がかかる、ということだ。会議自

体がきわめて長くなる。だから、会議に参加できる人はきちんと自分の発言をすることができる一方で、時間がない人、忙しい人はたまにしか会議に参加することはできないかもしれない。その意味で、政治参加を果たす人が限定されてしまうという問題点がある。メンバーが限定されてしまうと、政治家という階級が生まれてしまう。アナキズム的であるのにもかかわらず、マルクス・レーニン主義的なプロレタリアート独裁が生じかねないという問題である。労働者階級が政権をとる分には個人的には構わないが、結局独裁化してしまうことで、さまざまな意見を取り上げる機会はなくなってしまう。

③は、構造的な問題だ。たとえば、ロジャヴァでは裁判でもこれまた徹底的に話し合うがゆえに、時間がかかる。しかも、報復や復讐の原理をいっさい排除して結審をおこなう。罰することを目的とするのではなく、なぜそのような犯罪行為に至ったのかというプロセスを明らかにしていく。結果よりも前提を問うのである。とてもよい制度であると思う。しかし、世界の基準はそれとは異なる。犯罪者の処罰に関しては、その場の全員が同意せずとも、報復や復讐という観点から罰が定められてしまうのが現状だ。その意味で、国際基準を満たしていないため、ロジャヴァの裁判結果は世界的には棄却されてしまう。ロジャヴァ内部ではボトムアップの制度が徹底している一方で、世界基準ではトップダウンの制度がまかり通る。それゆえ、ロジャヴァの裁判の制度がいかに素晴らしくとも、世界基準があてはめられてしまうケースが

多々ある。

国際的に認められているか否かは、国家運営においては大きな問題だ。たとえば、ロジャヴァが空港を手に入れたとしても、外国に飛行機を飛ばすことは不可能である、ということだ。国家として独立していなければ、多くの条約や協定を結ぶことができず、制空権もない。重病患者を他の地域の病院に搬送することもできなければ、商用の飛行機もロジャヴァにたどり着くことはできない。治安協定や関税協定、健康と安全協定、商業協定などは、国家があるという前提でしか加盟することができない。これは国際的な制度の側の問題でもあるだろう。

これら三つは、いずれも民主主義の徹底化に関する問題である。そして、いずれも改善の余地があると思われる。①については女性問題のみならず、その他のヒエラルキーによって生じる問題も議論することは可能だし、②については輪番制や当番などの取り決めで円滑に対処することも可能だろう。③についてはより複雑ではあるが（EZLNも同じような問題を含んではいるが）、しかし一方で国際社会なるものの基準と形式的に合致させて、ボトムアップそのものは維持していく道は存在すると思われる。

革命の行く先

いずれにせよ、ロジャヴァ革命は形成途上である。しかも、軍事的にもISやトルコ軍に囲まれて苦しい状況だ。とりわけ、二〇一八年以降、状況は一変している。ロジャヴァ革命が確立していくなかで、トルコ政府はシリア北部に軍隊を派遣しはじめた。トルコ軍によって、ロジャヴァの一地域であったアフリーンは陥落してしまった。自国の領土であるにもかかわらず、アサド政権は見てみぬふりをしている。トルコ軍は、戦闘機や武装ヘリ、ドローン攻撃で猛攻をかけた。ISの兵士やアルカイーダの兵士などを起用し、トルコはシリア国境から三五キロ圏内を緩衝地帯とすると主張しはじめ、そこを拠点に現在も日々、クルド系の住民が虐殺されている。

また二〇二〇年以降のコロナ禍でも、医療器具の輸入が不可能であるがゆえに、ロジャヴァの医療機関は人工呼吸器などを手にすることはできなかった。しかし、それに類する器具をつくり、隔離策などを順当におこない、じつは世界的に見ても進んだコロナ対策をおこなっていた。

また、二〇二三年二月にトルコ南東部・シリア北部でマグニチュード七・八の地震が起きた。言わずもがなクルド系住民が数多く生活している地域である。六万人近くが犠牲になった。総務省の発表によれば、阪神・淡路大震災で救出された人のなかでは、自衛隊や消防などが救出できたのはじつに二割程度で、ほとんどが民間人によって救出されたそうだ。トルコ・シリアでの地震はもっとひどい。トルコ軍も災害救助隊も機能していないに等しかった。なぜなら、トルコ政府からすればクルド系住民など存在しないがゆえに、助けるべきではないからである。テレビクルーが救助の様子を撮影しているときのみ、トルコ軍や政府の災害救助隊は救助をおこなっていたなんて事例もある。

このように苦しい状況ではあるが、アナキズムの相互扶助の精神に満ちたロジャヴァは新たな世界像を私たちに見せてくれているのではないだろうか。ロジャヴァ革命も、EZLNと同じように現在進行形であり、どうなるかは誰にもわからない。しかし、アナキズムの一つの実験場として、私たちが生きるべき世界を実現するべく、日々奮闘している人々がロジャヴァにいるという事実は疑いようがない。

反暴力を定義づける

BLMに見る反操行

反操行の民衆的防御の事例としてEZLNとロジャヴァ革命を取り上げてきた。ここで反暴力を定義しよう。

反暴力とは、ヒエラルキーの上位からの暴力に対抗し、その暴力をなくしていくための手段としての暴力である。ヒエラルキーの上位にスポイルされることなく、あくまでヒエラルキー下位から発せられ、自身の立場、尊厳、生存、そして自由を保持しようとつとめるために暴力が行使される。目的は暴力を打ち消すことにある。

ＥＺＬＮに関しては、マルコス副司令官が述べていたように、自らが消滅するという到達目標があった。ヒエラルキー上位からの暴力に対抗するための反暴力は、対抗すべき暴力がなくなれば、不要なのだ。

また、ＹＰＧ／ＹＰＪも、基本的には防御が目的であり、市民は決して標的にせず、攻撃するとしても軍部や警察関連の組織のみであった。これはマンデラらが武装グループを組織した際に政府施設のみを攻撃対象にしていたことにも重なる。もちろん、ＩＳとの闘争の際には、人間が狙撃対象になることもある。とはいえ、基本的には足や腕に狙いを定め、捕虜として捕らえた際にもきちんと医療的な手当ても与えて収監する。そして、ＩＳ兵士に対しても執拗に話し合いの場が求められ、投降するように要求していく。

ＥＺＬＮとロジャヴァ革命の例はいずれもゲリラ的な戦闘を展開し、市民も時折参加していくことで、民衆的防御がなされていくわけだ。しかし、ゲリラと言うと縁遠いと感じる人もいるかもしれないので、もう少し身近な例を出そう。ＢＬＭだ。

BLMの運動自体に関しては、近年多くの媒体で紹介もされているので、本書では割愛する。ここでは、ジョージ・フロイド事件以降の大衆反乱の渦中に自治区がつくられていった事例を紹介する。[*115] 白人警官による無実の黒人青年たちの殺害、それに対抗する形で警察の廃絶をも訴えた運動（こんな単純な話ではなく、もっとインターセクショナルなものだが）によってミネアポリスの警察は解体され、ロサンゼルスの警察予算は一六〇億円以上削減され、シアトルでも四億円以上削減され、コミュニティの治安プログラムに一〇億円以上予算をつけられた。BLMは、ほかにもさまざまな成果を出していった。

CHAZ（キャピトルヒル自治区）

そのなかでも注目すべきなのは、シアトルでは「CHAZ（Capitol Hill Autonomous Zone＝キャピトルヒル自治区）」という自治区が誕生したことである。歴史的にはゲイたちの根城であり、メーデーの舞台でもあり、アナキストが暴動を起こす舞台でもあった公園に、BLM参加者は自然に集まるようになっていった。どこの誰が主導したなどというものでもなく、BLMの公式組織とも関わりはほぼなく、むしろ距離をとっているくらいの人々が集まり、集会を開くようになった。「すべての人に大赦を。悪しき抗議者など存在しない。善良な警官など存在しない」といったバナーを掲げる者もいたという。

このCHAZでは、なにか問題が生じるたびに水平的な方法で徹底的に話し合う文化が醸成されていた。公式の意思決定機関もなければ、公式の規則もない。さまざまなワーキング・グループやアフィニティ・グループが諸々の計画や役割を分担していた。手洗い場、診察所、食料、トイレ、ごみ収集など、役割を分担して自律的な空間をつくっていったのだ。ここでおこなわれた議論は、テレグラムなどを使って共有されていた。こうしたあり方が全国のニュースで広まり、毀誉褒貶が生まれた。しかし、CHAZの実践が拡散されていくことで、こうした取り組みが各地でもおこなわれていくようになり、相互扶助の輪が広がった。

一方で、トランプのような人間が「アナキストに管理された場所」などと語り、世にも恐ろしい時空間がシアトルに開闢《かいびゃく》したかのような悪印象も広がった。しかし、これは良くも悪くも単なる自治区でしかなかった。自律的な空間が生まれ、映画が上映されたり、DJブースや遊具があったり、祝祭的な側面もあった。しかし、警察が付近を通ろうものなら、怒号の嵐であった。

ある夜そこでの参加者が廃絶主義について議論していた折に、スピードを上げた車が突っ込んできた。運転手をなんとか取り押さえたものの、その運転手の発砲によって負傷した参加者がいた。参加者は防御策を取らねばならなくなった。そこで、銃で武装したボランティアが警備にあたることとなった（シアトルでは銃所持は合法）。

そう、これは民衆的防御である。この場所が平和に運営されていたのは、銃を携帯し、いざというときのために備えていた人々がいたからでもある。もちろん、やたらめったら弾丸をぶっ放すような人々ではないのは当然だ。あくまで、武装した反動主義者たちが攻撃を仕掛けてきた際の防御策として、銃を持っていたのである。この点はかなり重要である。自ら攻撃を仕掛けるためではなく、自治区での議論を経た上での武装である。

CHAZの反暴力

このように、CHAZは反暴力の地平にあったと言える。武装した警察や行政官によって守られていたわけではなく、自発的で自律的な話し合いの結果、そこにいる人たちがそこにいる人たちを守るために武装をした。ヒエラルキー上位を守るわけでも、ヒエラルキー上位から守られるわけでもないのだ。だからこうした民衆的防御の観点は、時折、「自衛のため」と言って自衛隊を擁護したりすることとはまったく違う。そして、トランプ主義者だのボルソナロ主義者だのが武器を持つこととも、まったくもって異なる。暴力の〝位置〟が異なるのだ。

CHAZの攻撃方法は、あくまでメッセージの発信である。武器で攻撃をするのではない。意見や議論、そして思想が言葉として発せられ、自治区という形になっていくこと、これ自体が攻撃方法だ。フランス語ではデモのことを「マニフェスタシオン（意見表明）」というが、ま

3-13 CHAZ

さにこれこそが武器なのだ。

デモの最中でも、警察と対峙する方法、警察から逃げる方法、その場に居座る方法など、〈戦略〉ではなく〈戦術〉、〈文脈〉ではなく〈状況〉が重要となるだろう。それを「暴力」とみなされたとき、それはどのどういった立場から発されているのか、そしてその暴力はどの立場で行使されたのか、また暴力の質はどういったものか、本書でさんざん語ってきたことが問われるべきである。

どのように私たちは私たちの生を世界に認めさせるべきなのか。資本主義や国家に包摂されているとしても、内側から抵抗し続けること、私たちの生そのもののレベルで抵抗をおこなうことが重要である。抵抗なくして生は維持できない。たとえば、日本の哲学者である小泉義之《こいずみよしゆき》はこう述べている。

フランスは社会保障制度が充実しているとよく言われますが、社会政策・社会事業を充実させたのは、若者の暴動です。パリ市郊外の若者暴動が社会問題として語られ、危険な階級に対する社会防衛の必要性が認められているからこそ、暴動の根源的対策としての社会政策が、政治家やインテリに受け入れられているのです。無論、暴動を起こす側は、そんなことを要求しているわけではないのですが、支配層をして、社会の安定のために社会政策を充実させないといけないと考えさせているのです。それは支配層が支払う講和のための賠償金・和解金のようなものです。この内戦的な構造をよく見ないといけません。日本で貧困層に金が回ってこない理由は、暴動がないからです。そこで、最近の日本の陰気な犯罪は、ほとんど非正規雇用労働者の関連なのですから、例えば、老人ホームで介護福祉士が高齢者を突き落とすような事件についても、労働問題として語ってやればいいのです。持たざる無産者が、有産者の高齢者に復讐していると語りなおすだけで、支配者層は恐れを抱くはずです。そのように内戦化しないと、金は引き出せません。／日本では、犯罪という形で単発的に孤立して暴動が起こっている。ところが、日本のインテリには、そのあたりの感性とかセンスが全く消え去っている。そこが怖い。かつては、「あらゆる犯罪は革命的である」という感覚がありました。一度はそう考えてみるべきである、という感覚です。その程度の「常識」すら失われていることが、日本の情勢を悪くしています。フランスなど欧州では、「不穏で危険な過激派がいる」と思わせることで、引き出すべき金を引き出しているのです。*116

ここでマルコムXを想起すべきかもしれない。暴力をちらつかせること。民衆の力をちらつかせること。そしていざとなれば、国家や資本主義ではどうにもならないということを見せつけることである。

その一方で、人はなぜか奴隷になりたがる。奴隷の責任は主人にある。つまり、支配されたがるのは、責任をヒエラルキー上位のせいにできるからである。身の回りの問題を会社や国のせいにして、なぜメディアは報道しないのかと訝しがるのではなく、自身で責任を持ってみること。その責任を果たすことの楽しさと危険、攻撃と防御、それら諸々をひっくるめた闘争こそが、世界をマシにしてゆく。当たり前のことではあるが、「現実の革命的変化というものは、闘いなくしては勝ち取れない」(グレーバー)のだ。

社会は転倒しなければならない

本書でもたびたび登場してもらっているフーコーは、「社会は防衛しなければならない」という仄暗い講義をおこなっていた。ざっくり言うとこんな感じだ。クラウゼヴィッツという政治学者の「戦争とは別の手段による政治の延長である」という命題を転倒させて、「政治とは他の手段によって継続された戦争」の延長である、とフーコーは述べた。[*117] つまり、政治が戦争の延長にあるということは、戦時と平時も逆転することとなり、平時においても戦争状態、つまり国内においては内戦状態にあるというわけだ。そこからフーコーはお得意のごちゃごちゃした歴史の話をする。以下、簡単に説明しよう。

昔であれば、ヒエラルキー上位の王とかが戦争をはじめる。その際、ヒエラルキー上位の存在は「○○人《じん》」などの敵を設定する。これが政治の延長としての戦争だ。往々にして、争いとは人種同士の抗争ということになる。国家同士の場合は戦争として、国家内においても内戦として争いは表出する。近代以降になると、民衆は人種に基づいて国家をつくろうとする（トルコ共和国の例はその最たるものだろう）。そうなると、国家の至上命題は○○人《じん》の繁栄を最大化させることになる。人種という観念が戦争も内戦も引き起こす。そして、その人種を守るために「社会は防衛しなければならない」ということになる。これが、戦争の延長としての政治である。

本章では、便宜的にロジャヴァ革命を「クルド人（によるもの）」と書きがちだったが、ロジャヴァには宗教や人種の多様性が担保されている。それがまさにその革命の特徴である。EZLNのいるチアパス州でもさまざまな先住民がおり、それぞれの民主主義の方法が地域ごとの決定の基盤となっている。つまり、人種や、それに基づく国家という、戦争や内戦や政治のあり方からズレることが重要となる。

暴力が人種や国家や資本主義によって占拠されるのであれば、その意味での暴力はそちらにお預けしよう。私たちは、それに対抗するための反暴力のみ持てばよい。それは、本章で挙げてきた反操行であり、民衆的防御であり、暴力をなくしていくための暴力である。その根源は、潜在的な力であり、ある種のヴィオランスとして語られるべきものである。それは反暴力とも呼ばれうるだろうし、その際の〈戦術〉や〈状況〉も重要となる。それはまさに、人種レベルでの抗争や国家や資本主義による暴力を、神的暴力のようにすべて焼き尽くすものであるかもしれない。

何が言いたいのかというと、既存の人種や国家や資本主義に基づいて「防衛されねばならない」社会など、私たちのものではない、ということだ。だから、そんな社会など、転倒しなければならない。

第四章　暴力の手前にあるもの

相互扶助

災害ユートピア

これまで私たちは上からと下からの双方の暴力を見てきた。ヒエラルキーという軸を導入することで、暴力にもさまざまなレイヤーがあることがわかってきたと思う。この上で、暴力が顕在化する領域の一歩手前も探ってみたいと思う。つまり、「潜在的な（暴）力」の領域があり、そこからどのようにしてヒエラルキーの上部で暴力として顕在化するのか、あるいはヒエラルキーの下部で反暴力として顕在化するのかを見ていこう。

第二章で紹介した、フリードマン型の政策のせいでニューオーリンズがメチャメチャにされてしまった話を覚えているだろうか。ハリケーン「カトリーナ」によってメチャメチャにされたショックに乗じて、事実ではなく恐怖に基づいて、制度も学校も街もどんどん改悪されてしまった。その一方、事実を重視して、懸命に災害に対処した人々がいた。困った人たちに食糧などの救援物資を送ったり、医療のバックアップをおこなったりした人々が大勢いたのだ。レベッカ・ソルニットはこんな事例を豊富に集めて『災害ユートピア』（亜紀書房）という本を書いている。最悪な出来事の最中に、どうにか生きるために、相互扶助の輪が生起することがある。ハリケーンがニューオーリンズを襲ったとき、政府はもちろん軍隊も警察もほとんど機能しなかった。機能したとしても、警察は例のごとく人種差別に基づいて民衆を殺害したり、置いてけぼりにした。その一方で、一部の民衆は必死になって、互いを助け合った。ある夫婦は自前のボートで一〇〇〇人以上を助け、その輪が広がり、大勢のボランティアが何万人もの人々を助けていった。*[118] こんなにいい話があるのにもかかわらず、こうした状況に対して、エリートや体制側はパニック状態に陥った。

ハリケーンカトリーナのあとのエリートパニックは異常なレベルに達していた。それが独自の災害を生み出し、カトリーナの被害者たちは危険な極悪人だと見なされ、災害への対応は救出から悪人のコントロールへ、さらにそれ以下へとシフトしていった。*[119]

「悪人のコントロール」と「それ以下」については、うんざりするほどの事例に溢れている。たとえば、こんなものだ。必要な物資を調達するアフリカ系アメリカ人の写真には「強奪」のレッテルが貼られ、警察とメディアによって拡散された。一方、同じことをする白人の写真には「必需品を調達する」といったレッテルが貼られて拡散された。現場にいないメディアのコメンテーターたちは、相互扶助の事実など知る由もなく、ホッブズ的な「万人の万人に対する闘争」が繰り広げられていると報道した。ギャングが人助けをしても、「ギャングはギャングであり、ギャングなんだから悪いことをしているに違いない」とレッテルを貼った。遅れて出動した治安部隊は、人助けをしている人々になにか悪いことをしているのではないかという嫌疑をかけ、銃殺した。そもそも民衆は助ける対象ではなく、征服の対象でしかないことが明るみに出たのだ。

数多の支援と助け合い

その一方、ニューオーリンズでは「大多数の人々は自分自身や他の人々を救うために、状況に即した行動を取るという、災害で普通に見られる反応をした」[*120]。なかでもボランティア活動は、全米でもかつてないほど盛んにおこなわれたようだ。「平和のための退役軍人の会」はバスをチャーターし、支援品を積んでニューオーリンズに大量の物資を届けた。軍人は人を殺すだけではない。生かすことにも長けているのも事実だ（軍人になるという選択については後述する）。他にも「宗教関係のグループはニューオリンズの復興に膨大な役割を果たした」[*121]。まだある。「必ずしも〝愛されるコミュニティ〟ではなかった一九六〇年代の反政府組織〈ブラックパンサー党〉〈レインボーファミリー〉や、経済や環境問題や人権といった近年の運動と結びついた大勢の若いアナキストたち」は、「迅速に動き、長くとどまり、深く食い込んで、その場その場のニーズに的確な対応をすることができた」[*122]。医師たちも立ち上がった。ソルニットは

「コモングラウンド」という団体に伴走してくわしく語っている。そのコモングラウンドは救護センターを開設し、一日に一〇〇人から一五〇人の患者を診察し、人種差別をおこなうような人がいれば説得しながら人種差別主義者ですら救護していく。こうした地道な相互扶助の動きが「人種差別に基づいた暴力や犯罪人視を緩和する役割を果たした」[*123]。ソルニットの聞き取りでは、コモングラウンドの医師はこう述べていた。

4-1 コモングラウンドのセンターのひとつ

> 机上の空論を実際に行動に移せるチャンスなんて、めったに訪れません。権力者たちが義務を果たさないでいるのを見て、ただ憤慨する以上の行動に出る機会を得て、実際に具体的で実体のある何かを即座に行えるチャンスなんて、いったいいつ得られるでしょう?　普通なら、ここの人びとに医療を授けようと思っても無理なんです。それが、我々はここに来て、それができるのです[*124]。

このようなコモングラウンドの活動は当初、医師たちが自腹で立ち上げたものだった。しかし、ハリケーンのあとにもかろうじてつながっていた電話で知り合いづてに協力を要請し、支援の輪が広がった。しまいには、再びの登場であるが「平和のための退役軍人の会」が支援品を山ほど届けてくれたりした。

「極左のくせに、軍人をいいように書くな!」とお叱りを受けるかもしれない。しかし、ここでちょっと慎重に検討すべきことがある。第一章でも触れた点をいま一度確認したい。相互扶助と軍人についてである。

軍人による相互扶助は可能なのか?

グレーバーは『反転する革命』(未訳)のなかで、アメリカの労働者階級の人々がなぜブッシュを支持していたのかを分析している。*125 労働者階級と知識人階級の政治的意識の乖離の根源を探るためだ。グレーバーによれば、多くの労働者階級の子どもたちは「知識人階級のメンバーになる可能性が想像できない」という。たとえば、ネブラスカの整備士の子どもたちが大企業の役員になるとか、国際人権弁護士になるとか、『ニューヨーク・タイムズ』の評論家になることはほとんどない。アメリカン・ドリームを実現する機会はいまやほとんどなく、「ここ数十年でフェンスは要塞ほどにもなってしまった」と述べる。そこで、グレーバーはこう問う。

整備士の子どもたちが「より高い、より高貴なキャリアを求めようとするならば、実際にはどのような選択肢があるだろうか。おそらく二つだけだ。就職するのが大変困難である地元の教会で雇用の機会を何とか探し出すか、あるいは軍隊に入隊するかである」*126（筆者訳）。

カネがあれば、大学にも行けるだろう。初等教育や中等教育の期間に勉学に関わる習い事に通わせることもできるだろう。しかし、そんなカネはもはや、ないのである。人のためになる高貴な仕事をしたいと思っても、NPOに入ったり、NPOをつくったり、福祉業界の企画に携わったり、医療従事者になったりできるかは、大学を出ているか否かで大きく変わってくる。そこでなお人のためになる高貴な仕事を探せば、福祉的な領域を担う教会に雇用されるか、軍隊に入るか、という二択が出てくる。なぜ、軍隊なのか。軍隊は人殺しのプロである一方で、福祉事業もおこなっている。たとえば、無料の歯科検診を提供したり、子どもたちと交流するイベントをおこなったりする。もちろん、これは軍人があたかも人殺しなどいっさいしない、ただのマッチョで優しい善良な人間、というイメージを醸成するプロパガンダである。しかし、軍隊以外に人のためになる仕事の選択肢がなければ、それを選ばざるをえないだろう。いや、それどころかなんの逡巡もなく、真っ直ぐな気持ちで軍隊を就職先として目指すこともあるだろう。

私がいつも平和運動や軍入隊反対運動に従事している活動家に言うのは、なぜ労働者階級の子どもたちは軍に入隊するのかということだ。なぜなら、ブルジョワの若い子たちと同じように、労働者階級の若い子たちも、退屈な仕事や無意味な消費主義の世界から脱出して、自分らが真に高貴なことをしていると信じることができる冒険と友情の生活を送りたいと思っているからである。そう、彼らもあなたのようになりたいがゆえに、軍隊に入隊するのである。[127]（筆者訳）

軍隊に入っているからといって全員が人殺しをしたくて入っているわけではないという点が重要である。他のチャンスが社会的に奪われてしまっているということが問題なのだ。

高貴な仕事と、人殺し

さて、ここで検討すべきは二つである。

まずは、相互扶助の実現を可能にするのはなんだろうか、という点だ。相互扶助とは、私たちにとって生存が可能になる条件である。目の前で溺れている人がいたら助ける。あるいは助けを呼ぶ。それによって溺れている人は救われ、生存ができる。このように助け合って生きていくこと、それも生存に関わる領域で助け合うこと。こうした相互扶助に関わる仕事は、見返りを基本的には求めず、その意味でもカネにならない。ブルシット・ジョブではない。だから「アンペイド・ワーク」と呼ばれるものだったり、あまりカネにならないケアの労働だったり、家事や育児などの再生産領域（工場やオフィスでの生産領域ではなく、それを支える再生産の領域という意味）での仕事が多い。つまり「高貴な仕事」なのだ。

次に考えるべきは、軍隊に入ることでしか人の役に立つという高貴な夢をかなえられない人がいる、という点だ。軍隊に入ることで相互扶助を実現していたとしても、そこはヒエラルキーの上部である。もちろん、相互扶助はヒエラルキーの上部でも下部でも実現はする。しかし、上部における相互扶助は、結果として体制を擁護することでしかない。いいこともしているが、悪いこともするのだ。ひとたび国家の意向によって戦争に駆り出されれば、戦争行為を遂行する殺人マシーンと化す。防衛すべきものを防衛するのではなく、国家が定めた敵なるものを攻撃するだけだ。

とはいえ、これはかなりケースバイケースな側面もあると捉えた方がいい。関東大震災直後、国家の流言飛語に乗って自警団をつくり朝鮮人を殺していった一方、朝鮮人を守った抵抗だってある。よりよい社会をつくりたいというときに、ヒエラルキーの上位に与するか／しないかで相互扶助の実現の程度が変わってくる。言うまでもなく、国家が機能しないときにこそ相互扶助は人の役に立つ。よりよい社会、あるいは最善の住環境、はたまた生存自体を求めるというレベルで、欲望は同じなのだ。ヒエラルキーの上部だろうが下部だろうが、相互扶助を可能にする条件の前提として、この欲望は欠かせない。生存したい。より善く生きたい。より善い社会にしたい。この欲望を実現するために、その実現の過程に何が介入してくるか、どう実現するか、その過程をどう考えるか、という諸々の点をこそ、私たちは見極めるべきである。

抵抗運動は無駄なのか？

エキストリーム・センター

一見同じ現象に見えても、主体がヒエラルキー上位か下位かによって、その本質は異なる。こうしたことはいまにはじまったわけではなく、フランス革命前後のイギリスでも同じようなことが起こっていた。

「十八世紀のイギリスでは、暴動行動は、二つの異なった形態をとった。多かれ少なかれ自発的な民衆による直接行動の形態と、「上」の人物あるいは群衆とは隔りのある人物が威圧手段として意図的に群衆を利用する形態である」[*128]。こんな記述もある。「……［暴動の］参加者の多くはひじょうに移り気だったので、くるりと向きを変えて、「よそ者」分子を攻撃したり、「愛国心を示す」機会に灯火をつけ忘れた市民の窓を壊したり[*129]」もする。こう言ってはなんだが、民衆とはめちゃくちゃでおもしろいのである。時に自分たちのために、時に国家のために欲望を発露させる。

ここで、「暴力はみんな潜在的に有しているのであれば、左翼の暴力も右翼のそれも同じではないか」ということになるのかといえば、本書ではそうは問屋が卸さない。すでにおわかりかと思うが、「反暴力としての暴力は肯定せざるをえない」というのが本書の立場である。

それでは、民衆はなぜ自分たちを支配・搾取する国家や資本主義などのヒエラルキー上位の暴力に与してしまうのだろうか。

ここで参考になるのが、「エキストリーム・センター（以下、エキセン）」という概念だ。和訳するなら、「極中道」「過激中道」といったところだろうか。「極左」「極右」ならまだわかるが、これはどういうことなのか。イギリスのパキスタン系の活動家で、歴史家のタリク・アリがこの概念を説明してくれている。*130 ひと言で言ってしまえば、中立を装って、結果として体制を擁護することになる言説や態度、あるいは思想のことを指す。

本書の事例だと、エリカ・チェノウェスとマリア・ステファンによる「三・五％」の研究はまさにそれだろう。一見、抵抗運動のためには非暴力が効果的かと思わせて、実際にはデータの取り方も怪しく、そもそもステファンは統治者側の立ち位置にいる。以上の点から、「抵抗するならば非暴力でやってくれると、統治者としては楽ですよ」という本音が透けて見える。

グレーバーが先に出していた軍隊の事例もそうだ。歯科検診などの福祉的な業務、つまりよいことをしたいという民衆の欲望につけいって、軍隊に入隊させる。そして、殺人のプロとして育て、世界中に派兵していく。

昨今の日本のＬＧＢＴ理解増進法案も、差別を撤廃すると見せかけて、「不当な差別」なる文言を組み込み、まるで「正当な差別」があるかのような法案を可決させていく。

さらにわかりやすくエキセンを象徴する文言が、「右も左もない」というマジックワードである。対立をよしとせず、特定の立ち位置からなにかを主張することもなく、ぬるっと真ん中を走る。このエキセンを「いかなる暴力も許されない」という言説にあてはめてみるとどうだろうか。肯定されるべき暴力もあれば否定されるべき暴力もあるなかで、何やら絶対正しいかのような極端な言説に見えないだろうか。もちろん理念として掲げるべき言説ではあるが、本書で述べてきたとおり、そこに至るまでに思考を重ねなければたどり着かないはずの文言だ。そして言うまでもなく、「いかなる暴力も許されない」という暴力や、この言説の前提にヒエラルキーによる暴力があったりして、結局、この言葉を政府筋が言ったりする。エキセンの最たるものである。

じつは、多くの運動は勝利している

こうしたエキセン現象は世界中に広まっており、異議申し立てをすることなく、対立を消すような枕詞が流行している。こうなってくると、暴力も非暴力もへったくれもない。民衆の立場からすれば、国家や資本主義といったヒエラルキー上位に対して、カネや福祉や権利を与えられるのではなく、奪い取り、認めさせるという態度こそ肝要である。そして、それは当然のことだという態度が重要なのだ。お行儀よく中立を装ったところで、ヒエラルキー上位に都合よく支配されるだけだ。

ここで、「そもそも抵抗運動は無駄ではないか」というツッコミもあるだろう。無駄なことをして消耗するよりも、安定重視で中立っぽく振る舞い、生きながらえた方が賢明ではないか、と。果たしてそうだろうか。本書で何度も述べてきたように、抵抗運動には中長期的な影響力もある。

本書ではおなじみ、グレーバーの議論を見てみよう（私は本当にグレーバーの議論が大好きである）。彼曰く、運動には短期的目標と中期的目標、そして長期的目標がある。[*131] 短期・中期・長期の三つに分類することで、諸々の運動の敗北と勝利が腑分けされる。そして驚くべきことに、中期目標においては、多くの運動は勝利していることになるのだ。たとえば、反グローバリゼーション運動のなかで盛り上がった反ＩＭＦの運動は大変わかりやすい。これは、ＩＭＦの即時解体を求める運動だった。短期目標においては、現在もＩＭＦが一応は制度的に残存していることからもわかるように、敗北である。しかし、中期目標はどうだろう。たとえば、一九九〇年代末からIMFはアルゼンチンに「構造調整プログラム」なるものを押し付けてきた。カネを借りたいならIMFの言うことを聞け、というものだ。健康や医療、教育や食品の分野で大幅なコスト削減や民営化政策などネオリベ的なプログラムを受け入れるならば、カネは貸してやる、という政策だ。これを受け入れてしまったせいで、アルゼンチンは危機に瀕した。カネが儲かるのは国外資本の企業ばかりで、自国の企業や福祉はメチャメチャになった。インフラの整備もままならず、これにアルゼンチンの人々がキレた。そこで二〇〇一年に貧困に喘いだアルゼンチンの民衆は大暴れし、それを受けてアルゼンチン政府は、IMFから借金をすることを拒んだ。民衆が蜂起し、時の大統領職を何度も挿げ替えることで、とうとうアルゼンチン政府はデフォルト（債務不履行）を宣言した。ここからわかることはなにか。国家レベルのみならず、アルゼンチンの民衆はIMFを完全に拒絶したのだ。このことは瞬く間に世界中に拡散され、IMFは現在事実上、誰も、どの国家も信用などしていない状況となった。[*132] 昨今の事例であれば、デフォルトなどはしていないものの、ギリシャの経済危機における民衆蜂起や政権の成立については記憶に新しいのではないか（他にもスペインの左派政党ポデモスの事例などもわかりやすい）。

そう、見方を変えれば、反IMF運動は勝利していたのである。それが中期目標だ。長期目標に関しては、むろん誰にもわからないが、もしかしたらそう遠くない未来において、革命的状況が世界中で花開くことを期待してしまおう、とグレーバーは分析している。

サフラジェットによる女性参政権獲得運動も、マンデラらのアパルトヘイト撤廃の運動も、かなり長い軌跡を歩むことで勝利を手にした。それらの運動が求めたのは、当初は「犯罪」行為であったが、いつしか合法となった。

抵抗運動において、短期的に勝つことはなかなか難しい。しかし中期的に見れば、着実に勝利への道を歩んでいるということがわかる。EZLNもロジャヴァ革命も形成途上であると本書では何度も書いてきた。抵抗運動においては、数十年、あるいはそれ以上の時間軸で見なければ、成否がわからないことの方が多いのだ。

欲望と機械

では、そもそも運動はどうして起こるのか。「社会を善くしたい」という欲望があるからだ。「生存したい」という欲望があるからだ。ここで、欲望を「潜在的な（暴）力」であると考えてみてもいいだろう。マルコムXが述べていたような力の領域だ。欲望はそれだけでは実現しない。目に見えない欲望を実現するには目に見える物体がなければならない。この物体にあたるものをドゥルーズとガタリは「機械」と呼んでいる。その機械は素直に抵抗の運動として実現することもあれば、エキセン現象のようなものと結びつくこともある。欲望がエキセン言説とくっつくとヒエラルキーに乗って、構造的暴力の片棒をかつぐようになる一方で、欲望が素直に猪突猛進すると、生存を賭けた民衆的防御になることもある。欲望がどのような機械と結びつくべきか、よく見極めないといけない。人間だったら、生きたいという欲望に、目とか鼻とか心臓とか血管とかいろんな器官と一緒になることで、生存が可能になる。もし欲望がなければ、生きたいわけではないのだから死ぬ。有名な例だと、ドゥルーズとガタリは蜂と花を機械として説明している。*133 ともに生存したい、個体を維持したいという欲望がある。そこで、蜂は花の蜜を必要とし、花粉をくっつけて花を飛び回る。花からすれば、受粉したくても動けないので、蜂を引き寄せるために蜜を出して、花粉を蜂にくっつけさせる。お互いはお互いを欲する機械なのである（そういえば、モーニング娘。の「LOVEマシーン」という曲があったが、あれもドゥルーズとガタリに由来するのだろうか）。他にも「戦争機械」なんて造語もある。これは戦争を目的とする機械ではなく、国家の形成や中心化を妨げるような非中心的で集団的なあり方だ。つまり、ただ生存したいという欲望は、国家形成や中央集権化といったような次元の概念は存在せず、生存を実現するため、相互扶助をおこなう非中心的で集団的なあり方と結びつくといったものだ。このとき、ドゥルーズとガタリが参照するのが、ピエール・クラストルという人類学者の議論だ。

暴力の考古学

クラストルは「暴力の考古学」について考察していた。[*134] クラストルによれば、アメリカ大陸の先住民は恒常的に戦争をしていたという。「恒常的な戦争」とは、やたらめったら攻撃して、いつでも大暴れしている、野蛮人の戦争というような意味なのだろうか。いや、違う。もう少し細かく見ていこう。

まず、先住民の世界にもヒエラルキーは存在する。首長が存在し、その下に戦士や民衆がいる。だが、この首長の権力行使には、暴力はない。首長は知恵の人であり、言葉の人である。また民衆のための奉仕者であり、ほとんどの場合において暴力を用いて民衆を統治することなどない。その権力は最低限にとどめられており、部族のなかでの紛争を調停するという（きわめて疲れる）役回りなのだ。こうした社会のあり方は反国家的なアナーキーというよりはむしろ、強力な権力装置が創発することがないよう長い間の知恵として醸成されてきた、国家的なものを意図的につくろうとしないあり方である。これは、〝遅れた〟未開社会の思考などではなく、むしろこれまでの長い人類の経験に裏打ちされた〝進んだ〟あり方だとも言える。権力を分散し、一つのものに統合されることのないあり方を常に希求するのが、先住民の知恵なのだ。

一方で、民衆のうち男性の多くは戦士であり、戦争をおこなう。それも恒常的にだ。では平和ではなかったのではないか、と思うだろう。ここにおける「戦争」とは、われわれが想起するものとは少し違うのだ。まず戦争をする際には、軍隊のような軍事組織は形成しない。そして基本的には個々人の欲望や意志によって戦闘をおこなう。そして、決してこの暴力で権力を持とうとしない。もし権力を有する首長にでもなれば、人に奉仕し、言葉巧みに民衆を説得しなければならず、ともすれば財産もみんなのために散財しなければならない。誰も権力者などにはなりたくないのだ。また皆、暴力そのものに対してかなり恐怖の念を抱いている。だから暴力を行使する能力は認めているものの、暴力の行使には儀礼的な態度で臨むようになる。「先住諸民族にとって、暴力とは受け入れがたいもの、許容不能なものであり、それ故彼らは、暴力にいわば轡をはめ、制御し、それを消滅させる目的で暴力の儀礼化に専念するのである」*135。そこまでしたうえで、どういった相手に暴力を行使していたのだろうか。それは、超絶的に仲が悪い部族の宿敵（個人）であったり、植民地化をもくろむ白人、とりわけその指揮官（個人）であったりする。個人主義的な暴力がほとんどなのだ。バラバラの個人が一つの部族のなかで強力な権力を持つことなく暮らす。暴力は偏在しているが、それを行使することは恒常的であるがゆえに、むしろ平和なのである。

一方で強力な国家やネオリベ思想の経営者たちは、その権力と暴力を、法の枠組み（その法もまた暴力である）のなかで、画一的・均一的にふるう。これまで本書で見てきたとおりだ。クラストルが先住民たちから学んできたことはなにかといえば、「国家に抗する社会」を常に形成し続ける知恵である。クラストルはこう述べている。

したがって未開社会の論理は、遠心力の論理、多の論理である。〈未開人〉は多の増殖を望むのである。いまや遠心力の展開によって実現される主要な結果とは何か？　遠心力は、それとは逆の力に対抗して、すなわち求心力、統合化の論理、〈一者〉の論理に対抗して、乗り越えがたい障壁、最も強力な社会学的障害物を築くのである。未開社会は、多の社会であるがゆえに、〈一者〉の社会であることはできない。分散状態であればあるほど、それだけ統合化の程度は弱まる。それゆえ厳密に同じ論理が、未開社会の内政と外交政策の両方を同時に規定していることが理解される。一方では、共同体はその分化していない存在を頑として維持しようと望み、そのために、統合化の働きをもった何らかの審級――命令する首長の形象――が社会体から分離し、この審級がそこに〈主人〉と〈臣下〉の社会的分化を導入することを妨げるのである。他方で共同体は、その自律的な存在を頑として維持しようと望む。すなわちみずからに固有の〈法〉の支配のもとにとどまろうと欲するのである。したがって共同体は、みずからを外的な法に服従させるように仕向ける論理はすべて拒否し、統合化の働きをもった〈法〉の外在性に反対する。ところで、あらゆる差異を除去することをめざしてこれらの差異を包み込み、多の論理の代わりに相反する統合化の論理を捉えようとめざす合法的な力、まさに多の論理を廃止することによってしか成り立たない合法的な力とは何か？　未開社会が本質的に拒否するこの〈一者〉の別名とは何であるのか？　それは国家である。[*136]

クラストルによれば、民衆は多様であり、一応は一つの部族の名の下に共同で生活はしているが、基本的にはバラバラだ。強力な一つの部族、あるいは国家のような法に縛られて暮らすことはない。国家に抗する社会の論理は「多」であり、「遠心力」であり、分散状態である。一方で国家の論理は「一」であり、「求心力」であり、統合化である。先住民たちは常に国家をつくることなく、もっと言えば国家が嫌だったから国家などつくることなく、暮らしてきた。その方法は、恒常的な暴力を皆が有することで維持することができたのだ。暴力が偏在しているのは何も現代だけではなく、昔からだったし、先住民たちはこの考えを基盤に「平和」を保ってきた。戦争機械は、平和をもたらすのである。

これはホッブズの「万人の万人に対する闘争」の状態とは似て非なるものである。ホッブズの論理は、みんなバトルロワイヤル状態が嫌だから、絶対的な権力を持つ王に暴力を預けてしまって、民衆を統治してもらうというもの。奴隷根性丸出しの話である。これは国家を構成・維持するための論理だ。これに対してクラストルは、国家以前は闘争状態かもしれないが、それはヒエラルキー上位の権力を弱体化させるためのものだとする。ホッブズを参照しながら、クラストルは言う。「戦争は国家を妨げ、国家は戦争を妨げるのだ[*137]」。こうした点から「反ホッブズ[*138]」としてのクラストルが浮き出てくる。

常に暴力は偏在しており、それを抵抗の暴力として先住民たちは扱っていた。国家が成立しないように、そして国家による凄惨な暴力がふるわれないように、抵抗の暴力が平和をつくってきたのだ。

私たちの闘い方

革命後の世界を生きる

さて、本書では国家や資本主義（とそれに準ずる者たち）といったヒエラルキー上位がふるう暴力と、それに対抗するための反暴力を見てきた。侵略されたらどうするのか、というツッコミもあるとは思うが、端的に言って、そうなる前に敵と話そうともしない政府は打倒しなければならないし、仮にＩＳのような集団に攻められたとすれば、ゲリラ的防御に徹し、抵抗する（あるいは逃げる）しかない。私たちの生が、ヒエラルキー上位の暴力によって脅かされるとき、死なないために、反暴力としての暴力をふるわざるをえないときがあるのだ。その際には、国家・資本主義の論理とは異なる、私たちの論理に基づいて行動することが重要だ。なにもむやみやたらに警察をぶん殴るわけではなく（時にはその必要もあるのかもしれないが）、生活に基づいて抵抗をおこなうこともできる。グレーバーはこんな例を出している。

パレスチナのヨルダン川西岸地帯での国際連帯運動では折々、道化や祝祭的な戦術を起用しました。あるとき外出禁止令がしかれ、誰かが撃たれてもおかしくない緊張状態となっていました。それでも地元パレスチナ人の子供たちや若者たちは、それを無視していました。イスラエル防衛軍（IDF）兵士たちは、銃をもって待機していました。そこで道化たちが現れ曲芸をはじめたのです。つまり状況を再定義しようとしたのです。イスラエルの兵士たちは怒鳴りました。「お前ら何をしようとしているんだ。これをサーカスにしようとでも言うのか！」。そこでアナーキストたちは「サーカスの方が今の状況よりましだろう！」と返答したのです。*139

他にもこんな事例も述べている。

何百人もの活動家たちが、妖精の恰好をして現れ、毛のはたきで警察官をくすぐった。空気チューブとクッションがつまったミシュランマンのような恰好でバリケードの上をころがる者たちは、誰のことを損傷する意図もなかったが、同時に警官たちの警棒を受けつけない効果もあった。つまりこの戦術は、伝統的な暴力／非暴力の区分を完全に混乱させてしまうものであった。[140]

おそらく体制側は、活動家が妖精の格好で警察官をくすぐっても「暴力」と呼び、ミシュランマンがコロコロ転がっているだけでも「暴力」と呼ぶだろう。「暴力」という言葉を聞いたとき、それがヒエラルキーのどの立場から出されたものなのかを常に注視しなければ、私たちは状況を見誤る。私たちと国家や資本主義の言葉は、常にズレているのである。だから、私たちが抵抗する際には「どんな意味においても国家に似ていないということを認知すること」[141]が重要となる。たとえば、国家のように画一的なコントロールを強いるのではなく、より多様的・多層的な組織化ができるはずだ。さまざまなトライブ、さまざまなグループ、さまざまな人々が共存しているのが、この社会の常態である。単一の民族だけで生活しているわけでもなければ、男性のみがこの世界に存在しているわけでもない。無数のネットワークによってインターセクショナルに交わり合っている。地域に密着していることもあれば、グローバルにつながっている場合だってある。一つの国家や一つの地域のみで、すべてが賄えるような状態ではないのが現状だ。そうした複雑なネットワークのなかの、自らの立ち位置で組織化をおこなうこと。そこには無数のつながりや断絶があって然るべきだ。

「新しい形式の社会性を「現在」において創出することで、すでに自由であるかのように振舞うこと」を「予示的政治」[*142]とグレーバーは述べていた。この予示的政治をもっとわかりやすく言えば、「革命後の世界を先に生きる」と言うことができるだろう。このように革命後の世界を先に形づくり、気づけば革命になっていたらそれでいいし、頑張って革命を起こすのもありだろうし、時に何もしなくてもいい。これらはいずれも時間軸的には闘争の形成過程である。ただ、もちろん、闘争がなければ変わることはないのは何度言ってもいい。問題は、どのように闘うのかだ。

相互扶助がつくりだすコミュニティ

もう少しだけグレーバーに依拠して、私たち誰もが持つ「潜在的な（暴）力」の道筋と可能性を見てみよう。

力は、ヒエラルキー上位に与するとき、下位にいる者を支配し、搾取する暴力として現れる。一方で、ヒエラルキー上位に抵抗するときには反暴力として、あるいは下位同士が支え合うときには相互扶助として現れる。そして、相互扶助は時に国家とは異なるコミュニティをつくり

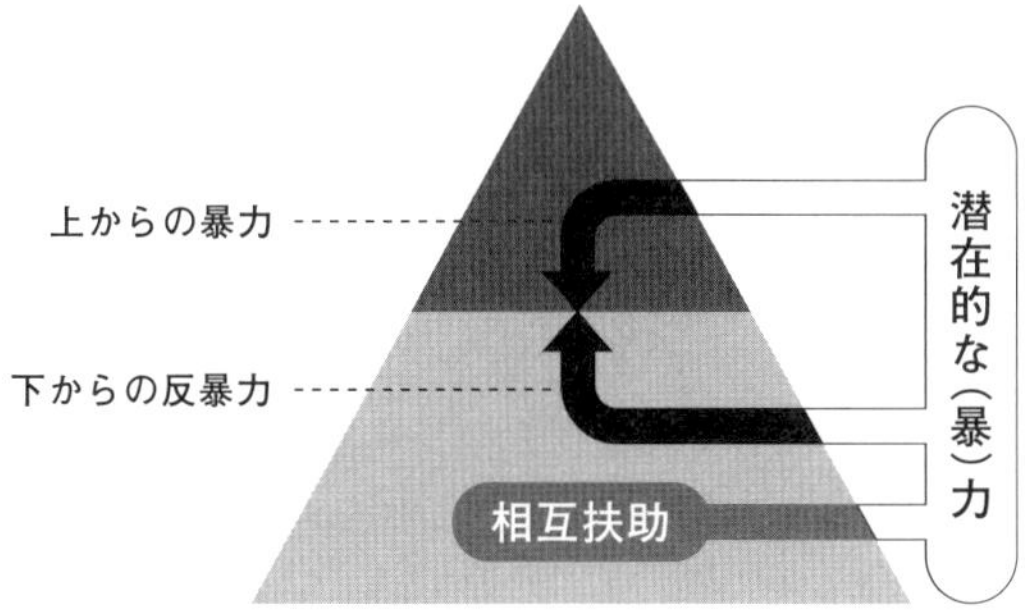

4-2 (暴)力の道筋

だす。

グレーバーはそれを「基盤的コミュニズム」と述べている。その定義は、「各人はその能力に応じて、各人にはその必要に応じて」という言葉に凝縮されている。この言葉はアナキストやマルクス主義者、もっと言えばコミュニスト全般が前提とするものだ。エチエンヌ・ガブリエル・モレリという初期社会主義者が『自然の規範』のなかでそもそも述べたものであり、のちにクロポトキンもコミュニズムの基盤として何度も参照し、マルクス以前のコミュニストたちも使っていれば、のちの労働運動のなかでの標語としても頻繁に使われていた。この語を定式化していったマルクスの文言を見てみよう。

共産主義社会のより高度の段階において、すなわち諸個人が分業に奴隷的に従属することがなくなり、それとともに精神的労働と肉体的労働との対立もなくなったのち、また、労働がたんに生活のための手段であるだけでなく、生活にとってまっさきに必要なこととなったのち、また、諸個人の全面的な発展につれてかれらの生産諸力も成長し、協同組合的な富がそのすべての泉から溢れるばかりに湧きでるようになったのち――そのときはじめて、ブルジョア的権利の狭い地平は完全に踏みこえられ、そして、社会はその旗にこう書くことができる。各人はその能力に応じて、各人にはその必要に応じて！*143

マルクスは二段階でコミュニズムを考えている。一段階目は、民衆を搾取する資本家がもういない状態である。そのとき、工場は労働者の評議会の手によって自主管理されるようになっているが、それでも、労働と対価は結びついている。つまり、基準次第ではあるが、これだけ働いたので、これだけお金をもらう、という等価交換が成り立つ。この次の二段階目では、能力に応じて働き、必要に応じて受け取るということが重要となる。つまり、労働と対価の等価交換は成り立たない。労働する人は自分ができる範囲で働き、その働きに関係なく必要な分だけ受け取ることができる、ということだ。自分が働きたいように働いて、「ブルジョア的権利の狭い限界を完全に踏み越える」ようになると、その対価はもらいたいときにもらえるだけもらえばいいし、もらいたくないときはもらわなくてもよい。かなり、きっぷがいい、粋な世界だ。

そんなことありえない、と思うかもしれないが、じつは部分的には実現している。年金、健康保険、労働組合、ひいては家族関係や友人関係もそうだ。年金や健康保険については、働ける世代や働ける健康状態の人が働いて、老齢の人や病気の人を助ける制度だ。これはある種お互い様ですよね、ということだ。そして、家族や友人になにかをしてあげるとき、見返りを前提にしている人はあまりいないだろう。

労働観を問い直す

そもそも労働とは、働くときに働き、働きたくないときには働かない、というものだった。E・P・トムソンやM・サーリンズを持ち出さずとも[*144]、資本主義なるものがこの世界を席巻する前はそうだった。資本主義の席巻以降も、ほとんどの場合は同じなのではないだろうか。農業はわかりやすい。作物ごとに繁忙期と閑散期があるのは当然である。忙しいときは収穫し、箱詰めして、流通させて、経理をやってと大変だが、暇なときはぶらぶらしていたはずだ。大学教員も大学の仕事がないときは研究し（暇だからやってるわけじゃないし、研究も含めて大学の仕事のはずなのだが……）、試験期間などは試験会場に缶詰になったり、採点したり、自分を押し殺して働く。文章を書く仕事も、締め切り間際まで書きはじめたりはしないはずだ（少なくとも私はそうである）。そもそも、仕事をしなければ生きていけない、なんておかしいのではないだろうか。

　ものすごく豊かな南の島で、先住民がゴロゴロして、時折ヤシの実をとって生活していたとしよう。そこに植民者がやってきて、先住民に「もっと働けば、もっといい生活ができる」とささやく。先住民が「何をすればいいのか」と植民者に聞くと、「ヤシの実をとって売ればいい。そして売ってカネを儲けたら、そのヤシの実をとれる機械を買って、さらにカネを稼げばいい」と言う。それに対して先住民は、「カネを儲けるとどうなるのか」と植民者に聞く。植民者は「カネを稼いで人を雇用して、その人に仕事をやらせて、引退すれば、ゴロゴロできるじゃないか」と説く……結局、目的がそれならば、面倒なことをせずに最初からゴロゴロしていればいいわけだ。

　この寓話は、希少性神話がない前提で語られている。たとえば、ヤシの実が足りているから先住民はゴロゴロしていられるが、ほかの住民や植民者にヤシの実をとられてしまえば、希少性の上がったヤシの実を手に入れるために、彼も働かないといけなくなるだろう。しかし、本当に希少性が生じているかどうかを疑う必要はある。本当はそれほど必要のないもの（新しいスマホやらパソコンやら精密機器やら……）を生産し、やれ石油が足りない、半導体が足りない、あれが足りない、これが足りないなどと言い立てて、私たちは脅されがちだ。ほかにも、流行りのグルメやらブランド品やら、「それ本当に必要？」というものばかりが溢れている。ロジャヴァの実践を思い起こすべきである。自然環境に依拠した形で自然農法とリサイクル、そしてDIYが中心の社会をつくり上げているという点だ。

生存に必須の食糧だって、実のところ総人口に必要な量以上の生産が可能になっているそうだ。[*145] なのに飢えが生じているのはなぜか。食糧分配がうまくいっていないのは、国際関係、資本主義、そのなかのヒエラルキーの関係によって、カネの集まるところと奪われるところで差が出てしまっているからだ。その諸悪の根源が、権力がヒエラルキーの上位に集中した政治機構であり、軍事力という名の暴力を背景にした国際秩序である。

基盤的コミュニズムへ

こんな状態に対して、私たちがよって立つべきところはなにか。それが、コミュニズムだ。子育てなんかはわかりやすいかもしれない。子どもに見返りを求めたりはしないだろう。子どもの洋服や寝具などを揃えて子どもに提供したとして、子どもにそれ相当の金銭を要求などしない。無償だ。子どもがおかしを食べたいと要求し、大人が子どもにおかしをあげたとして、その料金を子どもに請求などしないだろう。職場でボールペンのインクが切れた同僚にボールペンを貸した際に、金銭を要求しないだろう。資本主義的な会社のなかでさえ、こうしたコミュニズムが溢れているし、ともすれば、コミュニズムがなければ会社すら成り立たない可能性だってある。グレーバー曰く「火やタバコを分けてもらう、といったちょっとした親切」であったり、「エレベーターをあけておく」、はたまた「だれかが溺れているような場合」、「子どもが地下鉄の線路に落ちてしまった」ような場合、私たちは「可能な状況にあればだれでも助けようとする*146」。

これを「基盤的コミュニズム(baseline communism)」と呼びたい。たがいを敵どうしとみなさないあいだがらで、必要性が十分に認められ、またはコストが妥当と考えられるなら、「各人はその能力に応じて、各人にはその必要に応じて」の原理が適用されてしかるべきである、という了解である。もちろん適用される基準は共同体によって大きく異なる。非人格的な巨大な都市共同体においては、その基準が火を拝借し道をたずねる以上になることは、あまりないかもしれない。火を借りたり道をたずねたりのやりとりなど、とてもささいにみえる。だが、そのささいなことが大きな社会的関係の可能性を基礎づけるのである。より規模が小さく、非人格的である度合いが低く、とりわけ社会的階級に分断されていない共同体では、おなじ論理がさらに拡大することだろう。そのような共同体では、しばしばタバコだけでなく食物の要請も拒否することができなくなる。知らない人間からであっても拒否できないこともあるのだから、共同体に属しているとみなされる者からであれば確実に拒否できないのだ。[*147]

どんな社会も、こうした相互扶助が基盤にある。

この基盤的コミュニズムに欲望が結びつくと、「コミュニズム機械」とでもなるのだろうか。欲望は基本的に生存やその個体の維持を目的として存在するが、そうした欲望がコミュニズムや抵抗の暴力とくっつくとどうなるかといえば、やはり生存を実現することとなるだろう。ドゥルーズとガタリはそもそも「欲望はその本質において革命的なのである[*148]」と述べていたのだが、「暴力はその本質において革命的なのである」とも言えるかもしれない。

死なないための暴力論

私たちが私たちらしく、欲望に忠実に生きようとするとき、ヒエラルキーの上位よりも下位にいた方が、それを実現させやすい。なぜなら、生存の実現は、相互扶助やコミュニズムがあってこそ可能だからだ。こうした基盤があることで、私たちは自由に行動することができる。生を謳歌することができる。

一方で、具体的な生存よりも、むしろ国家や資本主義といった抽象的なものを優先してしまうと、どうなるか。自分や周囲の生存よりも、国家や資本主義といったものの延命に身を挺することになる。これは、人間の生を蔑ろにする生き方である。

ここで、本書のタイトルに立ち返ろう。「死なない」ためには、私たちはどうすべきか。それは「生きる」しかない。では、生きるためにはどうすべきか。自分の持つ「潜在的な（暴）力」に忠実になり、それを発揮することに限る。そのとき、その力は「暴力」と呼ばれるかもしれない。本書の冒頭でこう言った。

「暴力」という言葉を聞いたら、どんな印象を持つだろうか？　怖い、痛い、なんか嫌。「暴力反対」「暴力はよくない」って言われてきたし、きっとよくないものだ。そんなよくないものは、否定しなければならない……。こんな風に思う人が多数派だろう。

ここまで本書を読んでくれた人たちはもうわかると思うけれども、これは暴力の一面にすぎない。国家や資本主義といったヒエラルキーの上位に従って暴力をふるうのか、それともそれらに対して自分や周囲の人々を守るために暴力を使うのか。私たちは暴力を大切に、慎重に、時にラディカルに扱うべきである。本書で紹介してきたように、肯定的に見るべき暴力が、間違いなく存在するのだから。

私たちは暴力に囲まれている。そして暴力は私たちの内側にもある。暴力からは逃れられない。それをどう考え、どう扱うのかは、私たち次第である。

おわりに

「暴力」を問う一大スペクタクル・ロマン『死なないための暴力論』、いかがだっただろうか。「全米が泣いた!」とか、「興行収入『THE FIRST SLAM DUNK』超え!」といった名高い評価は、いまのところない。新書のくせして、結構読む人を選ぶような題材で、かなり悩みながら書いた。超疲れた。楽しかったけど。

さて、本書が書かれるに至ったきっかけをいくつか述べておこう。

一つは、日本におけるアナキズムの流行に対する、一種の危機感だ。アナキズムには本来さまざまなレイヤーがあるのにもかかわらず、「ゆるふわアナキズム」みたいなものが日本で流行っており、「これこそがアナキズムなんだよね」という風潮が広がっている。そして、それはきっと自分のせいでもあると、少しばかり反省したのだった。

私が知る限り、多くのアナキストはゆるふわであると同時に、暴力的でもあった。そしてその暴力的である振る舞いが社会、そして世界を変えてきた。ゆるふわであるというのは、ただのダメ人間的な側面であると思うが、そのダメさも含めて、私はアナキズムが好きだし、素晴らしいものであると思っている。一方で、暴力的な側面もかなり好きなのだ。男の子だから、とかではない。暴力的な現場には、女性だって、トランスの人たちだっていたのを知っている。その暴力的な現場の、祝祭性に満ちたあり方が、じつはいちばん好きなのである。

とある外国で、こんなアナキズム運動の顛末を聞いたことがある。どこそこでこんな直接行動をやろう、と二週間くらいかけて数十人で話し合い、いざ当日を迎えてみたところ、結局集まったのは数人だけだったそうだ。「なんてダメな奴らなんだ」とは思いつつも、誰もそういった連中を咎めることはしなかった。別の日にまた同じメンツで集まったとき、来なかった連中はそいつらなりに言い訳はしつつ、ちゃんと集まって行動した連中は「まぁ、しょうがないよね〜」くらいの雰囲気だったそうだ。この感じがよい。まさに「各人はその能力に応じて、各人にはその必要に応じて」を実感した。このとき、実際に行動した連中は、体制擁護メディアからは「暴力行為」だの、「蜂起」だのと騒ぎ立てられた。しかし、彼らはもちろん人を殺したわけではなく、せいぜいグローバル企業のガラスを割ったくらいだった。でも、メディア報道のおかげで、そのグローバル企業に対する世論の反発は、むしろかなり盛り上がった。「グローバル企業は間接的に人を殺しまくっているのに、ガラスが割れた程度で、なにをキャンキャンと「暴力だ」だのと言ってるんだ、馬鹿野郎」といった感じだ。その後、そのグローバル企業は態度を改め、多少ではあるが、労働環境を改善した。これはアナキストの面目躍如である。もちろん、これは〈戦術〉の多様性のうちの一つでもある。直接行動の他にも、非暴力で交渉に当たっていた人たちもいれば、正攻法で裁判をしていた人たちもいたし、いろんな人がいろんなところから攻めていったがゆえの結果である。ゆるふわも、いつかは暴力に訴える集団に変質するかもしれない、そう期待している（どうでもいいけど、私は「ゆるふわギャング」が好きだ）。

一方で、この間のお行儀のよい日本のデモなどを見ていると、「体制になにも圧を与えることができていないのではないか」と思うようにもなっていた。それが嫌で、私がいま住んでいる長崎で、友人たちと「デモしたいデモ」というデモをしてみたりした。訳のわからない恐怖を長崎の人民と警察に与えてやろうと試みたわけだ（一応、「警察は要らない」というメタメッセージを私たちは共有していた）。デモの出発地点は、丸山公園という美輪明宏の実家近くの花街の公園だ。そこは現在、朝からストゼロを飲んでいるジィさんと、バァさんがたむろしている、香ばしい公園である（私たちもよくそこで飲む）。いざ公園に集合してみると、反応してくれたのはベロベロに酔っ払って、無限に同じことを繰り返すバァさんだけだった。「警察はどれくらい来るだろうか」と心して待っていたのだが、なんとゼロ人だった。「誰も誘導しねぇのかよ」とは思いつつ、これは好き勝手にできる！　ということで、「うだつが上がらない」だのなんだの叫びながら、街を練り歩いた。一緒に練り歩いた友人は、しばしば警察に届けなんか出さずに、今回のような突発的なパフォーマンスらしいことをやるのだが、しょっちゅうファックな近隣住民から警察を呼ばれていたそうだ。しかし、この日は一応警察に届けを出していたので、通報されていたのかもしれないが、一度も私たちは捕まることなく、デモを終了させたのだった。そして、この手のことをやったりしていて、気づいたことがあった。私はアナキストではなく、ダダイストのようである。ダダの先駆者と言われる詩人アルチュール・クラヴァンが好きだったことも思い出した。それはともかく、長崎では原爆を落とされた八月九日〝以外〟の日でも、こうしたデモをやる習慣をどんどんつけていきたい。そのうち、いろんな人が真似しだしたりしてくれないかな、と思いつつ。一つなにかが変わると、その周辺も変わることがある。それはドラスティックな変化であることもあれば、わずかしか変わらないこともある。それは賭けみたいなものだ。地味でもある。勤務先の長崎大学の組合でも、一つひとつ着実にやっていくしかない。

同じように、日本でこの間よく見聞きする抵抗運動の言説とは異なるものを発してみたら、もしかしたら、なにかが変わるかもしれない。だから、流行りの非暴力じゃなくて、あえて暴力を肯定するような本を書いてみた。言うまでもないけれど、暴力には否定すべきものと、肯定すべきものがあるということは、本書を読んだ人にはわかってもらえるだろう。もしあなたが「あとがき」から読んでいるのだとしたら、とっととレジかカウンターに持っていって、買うなり、借りるなりしてほしい。

　本書を書いた二つ目のきっかけは、もともとロジャヴァ革命について調べていたことだ。第三章で触れたが、私の頭の中には「やらないと死ぬ状況で、暴力を完全に拒否できるのか」という問いがずっとあった。そんなとき、グレーバーが晩年、ロジャヴァ革命について書いたり喋ったりしていたことがきっかけで、彼らのことを知ったのだった。あと、大学の同僚のアポさんがじつはクルド人だということがわかったこともあり、どんどんロジャヴァ革命について知りたくなって、はまっていった。最近はハンブルクに行って、二度ほどクルドのコミュニティで調査もした。ハンブルク市議会議員で左翼党のジャンスちゃんや、活動家のカヤさん、オジャランと一緒に戦士として文字どおり闘っていたAさん、人権派弁護士のヤヴズさん、クルド音楽の専門家のトゥーラン、作家でジャーナリストのアーニャ、さらにEZLNでつくられたコーヒーを世界中に販売しているカフェ・リベルタードの皆さんなどなど、ちょっとずつ出会いが広がり、情報を仕入れている。私たちに向けられる暴力を廃絶するために抵抗の反暴力を行使することで、生存が可能になる場合、行使するのが当然だということを、躊躇なく言えるようになるべく、ずっと悶々としていたのである。いま一〇億円もらう代わりに、明日死ぬ、という条件が提示された場合、ほとんどの人は一〇億円は拒否する（もらって死ぬ人もいるのも重々承知しているつもりであるが、私はいまのところもらわない）。そう、生涯年収が一〇億円以下の場合がほとんどだが、そうであっても、私たちの多くは生きたいのだ。その生のための闘争を肯定するありかを探ったのが本書でもある。

最後にもう一つ、本書が書かれるきっかけになったのは、安倍晋三銃撃事件である。その後には岸田も狙われたり、自衛隊内で銃殺があったり、どうもきな臭い。安倍銃撃については、私の周囲は皆、喜んでいた。誰も公式には書いたりしないから、書いちゃうけど、本当に喜んでいる人が沢山いて、びっくりした。私は安倍にあまり関心がないので、喜びも驚きもしなかった。しかし、暴力が人々にこんなに解放感をもたらすものだとは思わなかった。日本では年末に格闘技で盛り上がるのは、やはり皆、暴力が好きだからなのではないかと思ったほどだ（とはいえ、昨今はあまり地上波で格闘技は見れないですね……）。この事件を受けて、「暴力では何も変わらない」と言う人々もいたが、まがりなりにも、宗教団体への解散命令請求を文部科学省が地裁に請求した。暴力でしか変わらなかった事例の一つである。

そんな最中、編集者の矢作奎太さんから連絡があった。この悶々とする暴力なる概念について本を書きませんか、と打診があったのだ。私も悶々としており、もう少し暴力をクリアに整理することはできないだろうかと思っていたので、好奇／好機と捉え、書くことにした。しかし、二週間にいっぺん、進捗状況を聞いてくる矢作さんのメールは、私には暴力であった。なんとかダッキングとウェービングとブロッキングで身を躱しつつ、パンチを返せている、だろうか。

謝辞めいた感じになるが、ゼミで暴力論関係の本や論文を一緒に読んでくれた、学生の皆様、ありがとうございます。読書会や研究会、あるいは直接会った際に、書いている内容を突然話し出しても相談に乗ってくれた、阿部小鈴さん、栗原康さん、アブドゥルラッハマン・ギュルベヤズさん、五井健太郎さん、近藤宏さん、酒井隆史さん、滝沢克彦さん、成瀬正憲さん、森啓輔さん、笹塚コミューンの皆さん、すみれ舎の皆さん、そしてオビ推薦文を書いてくれたブレイディみかこさんには感謝しかありません。最後に、矢作さん、絶妙な企画を立ててくれてありがとうございます。

いつの日か神的暴力が実現することを願いつつ。

注釈・出典

＊1　マックス・ヴェーバー（脇圭平訳）『職業としての政治』岩波文庫、二〇二〇年、九頁。

＊2　酒井隆史『暴力の哲学』河出文庫、二〇一六年、一三頁。

＊3　メルロー＝ポンティ（森本和夫訳）『ヒューマニズムとテロル』現代思潮社、一九七六年、一三三頁。

＊4　A. N. Whitehead, *Process and Reality*, Free Press, 1985, p.105.

＊5　手に入れやすいものだと、ソレル（今村仁司・塚原史訳）『暴力論』（上・下）岩波文庫、二〇〇七年がある。

＊6　ヴァルター・ベンヤミン（野村修編訳）『暴力批判論他十篇』岩波文庫、一九九四年を参照。

＊7　ちなみにバトラーによるベンヤミンの神的暴力の解釈について私は、どうかなと思っている（J. Butler, "Critique Coercion, and Sacred Life in Benjamin's 'Critique of Violence'," in *Political Theologies: Public Religions in a Post Secular World*, pp.201-219, Fordham University Press, 2006.）。ベンヤミンが神的暴力で出してきた二つの事例の一つだけをバトラーは解釈して非暴力だと言っている。長々と説明したくないので簡潔に言うと、人が殺せる状況でもユダヤ教的な倫理の呼びかけみたいなもので、絶対に人を殺さないという側面をバトラーはベンヤミンに見出す（ニオベの神話から）。それはそうだと思う。だけれどもベンヤミンの『暴力批判論』には、それだけではなく、聖書の中に出てくるコラの物語を語っている。そのコラの物語とは本書でも書いたように、一気に裏切った連中を「焼き尽くす」。この点をバトラーは無視している。そしてこの点は非暴力ではなく、暴力以外の何ものでもなく、まさに神的暴力のあり方としてベンヤミンが語っているところである。

＊8　ヴァルター・ベンヤミン（野村修編訳）『暴力批判論他十篇』岩波文庫、一九九四年、五九〜六〇頁。

＊9　ここで参照するのは、フランツ・ファノン（鈴木道彦・浦野衣子訳）『地に呪われたる者』みすず書房、一九九九

六年である。

＊10 同前、二二頁。

＊11 Brian Massumi, *What animals teach us about politics*, Duke University Press, 2014.

＊12 有名どころだとフィルマーの王権神授説なんかがある。神が家父長権をアダムに与え、家父長権に背くことは神にも背くことという謎の話を書いている。これを取り上げて、ロックは『統治二論』で「旧約聖書をよく読んだけど、神が家父長権をアダムに与えたなんて記述どこにもねぇよ、馬鹿野郎」と完全否定している。

＊13 この解釈労働について語っているものとして、デヴィッド・グレーバー（酒井隆史訳）『官僚制のユートピア　テクノロジー、構造的愚かさ、リベラリズムの鉄則』以文社、二〇一七年がある。

＊14 軍人などに関しては、だから悪だとは言い切れない事情もある。なぜ軍人になったのかというと、人を助けたかったから、という素朴な理由から、その欲望を実現する通底路が軍人という先へとつながっていたにすぎないこともある。人を助けるためには他にも通底路がありえたが、教育環境もカネもなく軍隊への就職情報しかなかったら、そうならざるをえない状況もあるとグレーバーは指摘している（David Graeber, *Revolutions in Reverse*, Minor Compositions, 2011.）。この点については後ほど触れよう。

＊15 これまたデヴィッド・グレーバー（酒井隆史他訳）『ブルシット・ジョブ』岩波書店、二〇二〇年を参照。

＊16 デヴィッド・グレーバー（酒井隆史他訳）『ブルシット・ジョブ』岩波書店、二〇二〇年、二七〜二八頁。

＊17 この辺の話はたとえば、森元斎『国道3号線：抵抗の民衆史』共和国、二〇二〇年を参照。

＊18 Erica Chenoweth and Maria J. Stephan, *Why Civil Resistance Works*, Columbia University Press, 2011. あるいは Erica Chenoweth, *Civil Resistance: What Everyone Needs To Know*, Oxford University Press, 2021.（エリカ・チェノウェス（小林綾子訳）『市民的抵抗』白水社、二〇二二年）を参照。気になるのは、邦訳で〝Pacifist〟を「穏健主義者」と訳しているが、せめて「平和主義者」、あるいは「反戦平和主義者」とするべ

きである。そして「穏健」をどう捉えているのかにもよるが、アメリカを代表する活動家であった、ストローソン・リンドがよくそう呼ばれるように〝Radical Pacifist〟は「ラディカル・穏健主義」になってしまいかねない。意味が不明である。

*19 この点、とりわけチェノウェスとステファンの事例を徹底的に批判した事例として、Benjamin S. Case, *Street Rebellion: Resistance beyond Violence and Nonviolence*, AK Press, 2022, p.61ff 参照。この本は名著である。本書の次にこれを手にとっていただきたいほどだ。

*20 ネルソン・マンデラ（東江一紀訳）『自由への長い道』（上）、NHK出版、一九九六年、一八一頁。

*21 同前、一九五頁。

*22 ネルソン・マンデラ（東江一紀訳）『自由への長い道』（下）、NHK出版、一九九六年、八六頁。

*23 アンドレアス・マルム（箱田徹訳）『パイプライン爆破法』月曜社、二〇二一年、六七～六八頁。

*24 Peter Gelderloos, *How Nonviolence Protects the State*, South End Press, 2007, p.7ff.

*25 一応「インターセクショナリティ」という用語を説明すると、元々は運動の現場、とりわけ黒人フェミニストたちの議論が基になった上で、キンバリー・クレンショーが発展させた概念であり、さまざまな問題が交差（インターセクショナル）した上で、つまり人種や性別、階級や性的指向、性自認などの緊張関係やつながりを基に、マイノリティの差別や抑圧を捉えていこうとする概念である。たとえば Kinberle Crenshaw, "Mapping the Margins: Intersectionaluty, I dentity Politics, and Violence Against Women of Color," *Stanford Law Review*, 43:6, 1991, pp.1241-1299. が有名である。その前後にも本書でのちに登場するアンジェラ・デイヴィスもこの概念の発展の貢献者でもあるし、この間のBLMではこの概念がとりわけ叫ばれた。

*26 M・L・キング（雪山慶正訳）『自由への大いなる歩み』岩波書店、一九五九年、一一五頁。

*27 Charles E. Cobb Jr, *This Nonviolent Stuff'll Get you Killed: How Guns Made the Civil Rights*

Movement Possible, Duke University Press, 2015. を参照。

*28 アンドレアス・マルム（箱田徹訳）『パイプライン爆破法』月曜社、二〇二一年、五九頁。

*29 マルコムX（浜本武雄訳）『マルコムX自伝』（下）、中公文庫、二〇〇二年、二二九頁。

*30 Michael Hardt, "La violence de la fraternité: hommage à Malcolm X", *Futur antérieur 7*, 1991. (https://www.multitudes.net/la-violence-de-la-fraternite/) 二〇二三年六月五日閲覧。

*31 Rebecca Solnit, 'Call climate change what it is: violence', *The Guardian*, (https://www.theguardian.com/commentisfree/2014/apr/07/climate-change-violence-occupy-earth) 二〇二三年六月五日閲覧。

*32 たとえば、ヨハン・ガルトゥング（高柳先男ほか訳）『構造的暴力と平和』中央大学出版部、一九九一年参照。「平和」という概念も本書を基盤に考えるとなかなか難しい言葉である。軍需産業で経済的に回っていく長崎や広島の「平和」は、そして日本の「平和」は、どういった意味で「平和」なのか検討に値すると思う。

*33 戸田三三冬『平和学と歴史学』三元社、二〇二〇年、一〇四頁以下参照。

*34 同前、一〇五頁。

*35 Brian Massumi, 2005, "Fear (the Spectrum said)" *Positions*, Volume13. no.1, pp.31-48.（＝伊藤守訳、「恐れ（スペクトルは語る）」『アフターテレビジョン・スタディーズ』せりか書房、二〇一四年）

*36 伊藤守「カルチュラル・スタディーズとしての情動論：「感情の構造」から「動物的政治」へ」『年報カルチュラルスタディーズ』六、カルチュラル・スタディーズ学会、二〇一八年、一八頁。

*37 たとえば加藤直樹『九月、東京の路上で』ころから、二〇一四年や山田昭次『関東大震災時の朝鮮人迫害』創史社、二〇一四年などを参照した。映画でもイ・ジュンイク『金子文子と朴烈』は、関東大震災と当時の朝鮮人の運動という意味でも、アナキズムの観点からも興味深い。

*38 たとえば、金富子「関東大震災時の「レイピスト神話」と朝鮮人虐殺―官憲史料と新聞報道を中心に」『大原社

会問題研究所雑誌』六六九号、法政大学大原社会問題研究所、二〇一四年、一〜一九頁などを参照。

*39 ナオミ・クライン（幾島幸子ほか訳）『ショック・ドクトリン』（上・下）岩波書店、二〇一一年を参照。

*40 同前、三〜四頁。本文は、The Promise of Vouchers, Wall Street Journal, December 5, 2005.

*41 Angela Y. Davis, *Freedom is a Constant Struggle: Ferguson, Palestine and The Foundations of a Mouvement*, Haymarket Books, 2016, pp.55-56. 邦訳はアンジェラ・デイヴィス（浅沼優子訳）『アンジェラ・デイヴィスの教え　自由とはたゆみなき闘い』河出書房新社、二〇二一年、一一〇頁だが、本書では訳文を変えている。

*42 (https://www.unafei.or.jp/publications/pdf/global-prison-trends-2020_executive-summary_jpn.pdf) なお、アンジェラが記述していた二〇〇六年当時でも、九〇〇万人収容されていたうちの二〇〇万人がアメリカであった（A・デイヴィス（上杉忍訳）『監獄ビジネス』岩波書店、二〇〇八年、二頁参照）。

*43 E. P. Thompson, "Rime, Work-Discipline, and Industrial Capitalism", *Past & Present*, Volume 38, Issue 1, December 1967, pp.56-97.

*44 A・デイヴィス（上杉忍訳）『監獄ビジネス』岩波書店、二〇〇八年、九六頁や一〇〇頁。

*45 同前、一〇二頁。

*46 Benjamin S. Case, *Street Rebellion, Resistance Beyond Violence and Non Violence*, AK Press, 2022, p.188.

*47 オリサンミ・バートン「アッティカ刑務所暴動で実際に起こったこと」というＴＥＤの動画は大変参考になった。見てみてください (https://www.ted.com/talks/orisanmi_burton_what_really_happened_during_the_attica_prison_rebellion?language=ja&subtitle=ja)。二〇二三年六月五日閲覧。

*48 浅沼優子「訳者まえがき」『アンジェラ・デイヴィスの教え　自由とはたゆみなき闘い』河出書房新社、二〇

二一年、七頁以下参照。

＊49 浅沼優子「訳者まえがき」『アンジェラ・デイヴィスの教え　自由とはたゆみなき闘い』河出書房新社、二〇二一年、二〇〜二一頁。

＊50 ジョージ・ジャクソン（鈴木主税訳）『ソルダッド・ブラザー』草思社、一九七二年を参照。

＊51 同前、三三二頁。

＊52 ミシェル・フーコー（嘉戸一将訳）『ミシェル・フーコー思考集成Ⅴ』筑摩書房、二〇〇〇年、七七頁。

＊53 Philippe Artières (ed.), *Le Groupe d'information sur les prison: Intolérable*, Verticale, 2013. 五冊のタイトルは、それぞれ①『二〇の刑務所での調査』、②『ジョージ・ジャクソンの暗殺』、③『GIP模範監獄フルーリ＝メロジでの調査』、④別冊『刑務所から持ち出された諸々の要求ノート』、⑤『一九七二年 刑務所内の自殺』である。なお、この箇所の議論については酒井隆史氏から示唆をいただいた。記して感謝したい。他にも、ジャン・ジュネ『公然たる敵』月曜社、二〇一一年にジュネによる熱いジョージ・ジャクソンへの文章が収められている。

＊54 たとえば「ジョージ・ジャクソンはこう語っている。「私が逃げることはありうる。しかし、逃げている間じゅう、いつも武器をさがしているのだ」と」（ドゥルーズ、ガタリ（宇野邦一訳）『アンチ・オイディプス　資本主義と分裂症』（下）河出文庫、二〇〇六年、一二〇頁）。

＊55 フーコーと毛沢東主義との関係について、たとえばリチャード・ウォーリン（福岡愛子訳）『1968 パリに吹いた「東風」　フランス知識人と文化大革命』岩波書店、二〇一四年を参照。

＊56 酒井隆史『賢人と奴隷とバカ』亜紀書房、二〇二三年、三五八頁。

＊57 ミシェル・フーコー（菅野賢治訳）『ミシェル・フーコー思考集成Ⅳ 1971-1973 規範／社会』筑摩書房、一九九九年、二五五〜二五六頁。

＊58　ミシェル・フーコー（嘉戸一将訳）『ミシェル・フーコー思考集成Ⅴ』筑摩書房、二〇〇〇年、八九頁。
＊59　デイヴィッド・ロバーツ（富原まさ江訳）『サフラジェット　平等を求めてたたかった女性たち』合同出版、二〇二一年、三六頁。
＊60　参考までに述べるならば、規模が大きかった平和的な団体として女性参政権協会全国連盟（ＮＵＷＳＳ）がある。他にも女性自由連盟（ＷＦＬ）、女性の投票権を求める会（ＶＷＦ）、芸術家女性参政権連盟（ＡＳＬ）、サフリッジ・アトリエ（ＳＡ）、女性納税拒否連盟（ＴＲＬ）、女性参政権ユダヤ連盟（ＪＬＷＳ）、男性による女性参政権連盟（ＭＬＷＳ）、東ロンドン・サフラジェット連盟（ＥＬＦＳ）などなど数多くある。
＊61　中村久司『サフラジェット』大月書店、二〇一七年、一一五頁。
＊62　同前、一一五〜一一六頁。
＊63　June Purvis, 'The prison experience of the suffragettes in Edwardian Britain', *Women's History Review*, Vol.4. 1995, p.123.
＊64　中村久司『サフラジェット』大月書店、二〇一七年、一〇五頁。
＊65　この様子は、じつは YouTube で見ることができる。たとえば The Guardian のチャンネル（https://www.youtube.com/watch?v=8qkU_imbFoE）を参照されたい（二〇二三年五月一七日閲覧）。
＊66　ポーラ・バートリー（山本博子訳）『エメリン・パンクハースト』彩流社、二〇二一年、一九五頁。
＊67　同前、一二三頁。
＊68　デイヴィッド・ロバーツ（富原まさ江訳）『サフラジェット　平等を求めてたたかった女性たち』合同出版、二〇二一年、一一八頁。
＊69　中村久司『サフラジェット』大月書店、二〇一七年、一二六頁。
＊70　そして一九一八年になると、労働者社会主義同盟（WSF: Worker's Socialist Federation）という名称に変更し、

これが母体となって、のちにはイングランド共産党となっていく。なお、シルビアは一九二〇年にレーニンとモスクワで会って、議論をおこなっている。

*71 Stephen Legg, 'Colonial and Nationalist Truth Regimes: Empire, Europe and the Latter Foucault' in Stephen Legg & Deana Heath ed, *South Asian Governmentalities Michel Foucault and the Question of Postcolonial Orderings*, Cambridge University Press, 2018, pp.106-133.

*72 ミシェル・フーコー（高桑和己訳）『安全・領土・人口：コレージュ・ド・フランス講義 1977-1978』筑摩書房、二〇〇七年、二四六頁以下参照。

*73 ポール・ヴィリリオ（河村一郎訳）『民衆防衛とエコロジー闘争』月曜社、二〇〇七年、四三頁以下参照。翻訳では、民衆防衛と訳出されているが、社会や国家の「防衛」とは異なるという点から、本書では「防御」と記す。他に、民衆的防御として読解できるものに、ブランキの言説を検討することができるだろう。パリでの民衆蜂起のために、道路ごとの防御線のはりかたなどが記載されており、環境ごとに戦術が異なることがよくわかる（ブランキ（加藤晴康訳）『革命論集』彩流社、一九九一年、二五五頁以下参照）。

*74 小泉空「ヴィリリオ思想のポテンシャル」(https://omu.repo.nii.ac.jp/records/2894) を参照。

*75 マルコス／イボン・ル・ボ（佐々木真一訳）『サパティスタの夢　たくさんの世界から成る世界を求めて』現代企画室、二〇〇五年、三九頁。

*76 サパティスタ民族解放軍（太田昌国・小林致広編訳）『もう、たくさんだ！　メキシコ先住民蜂起の記録1』現代企画室、一九九五年、五七頁。

*77 同前、五九頁。

*78 同前、六〇～六一頁。

*79 同前、三八四頁。

*80 同前、四〇一頁。
*81 マルコス／イボン・ル・ボ（佐々木真一訳）『サパティスタの夢　たくさんの世界から成る世界を求めて』現代企画室、二〇〇五年、二八四頁。
*82 同前、二八五頁。
*83 同前、二八六頁。
*84 同前、二九六頁。
*85 同前、一五六頁。
*86 同前、一五七頁。
*87 たとえば、David Graeber & David Wengrow, *The Dawn of Everything: A New History of Humanity*, Penguin Books Ltd, 2022 を参照されたい。他にもドナルド・A・グリンデ・Jr & ブルース・E・ジョハンセン（星川淳訳）『アメリカ建国とイロコイ民主制』みすず書房、二〇〇六年など数多くの議論がある。
*88 Andrej Grubačić & Denis O'Hearn, *Living at the edges of capitalism: Adventures in exile and mutual aid*, University of California Press, 2016, p.145.
*89 マルコス／イボン・ル・ボ（佐々木真一訳）『サパティスタの夢　たくさんの世界から成る世界を求めて』現代企画室、二〇〇五年、一七三頁。
*90 同前、一二八頁。
*91 同前、一四七〜一四八頁。
*92 同前、二四三頁。
*93 同前、三二八頁。
*94 『マリ・クレール』(https://www.marieclaire.com/culture/news/a6643/these-are-the-women-battling-isis/)

二〇二三年六月五日閲覧。

*95 Havin Guneser, *The Art of Freedom A Brief History of the Kurdish Liberation Struggle*, PM Press, 2021, p.13ff.

*96 また言語的にクルマンジー（クルド語）を話さずとも、自らをクルド人と名乗る人たちもいる。これは小島が述べるように、「エルス語を話す人は年々減り、スコットランド人の大部分は英語を母国語としているが、自らを「イギリス人だ」と考えるスコットランド人は一人もいない。ほぼ完全な言語同化にもかかわらず民族同化はまったく起こっていない」（小島剛一『トルコのもう一つの顔』中公新書、一九九一年、三一頁）のと同様だという。

*97 川上洋一『クルド人　もうひとつの中東問題』集英社新書、二〇〇二年、六三頁以下参照。

*98 この辺の記述については、山口昭彦編著『クルド人を知るための55章』明石書店、二〇一九年、三六頁以下参照。それにしても、この〇〇を知るための55章ネタシリーズ、大好き。

*99 山口昭彦編著『クルド人を知るための55章』明石書店、二〇一九年、一六三頁以下参照。

*100 同前、一六七頁。

*101 書籍であれば、先にも注で触れた諸々の書籍もそうであるが、小島剛一『トルコのもう一つの顔』中公新書、一九九一年や、アザド・クディ（上野元美訳）『この指がISから街を守った：クルド人スナイパーの手記』光文社、二〇一九年、舟越美夏『その虐殺は皆で見なかったことにした』河出書房新社、二〇二〇年を推挙したい。他にも漫画で素晴らしいものに、ゼロカルカーレ（栗原俊秀訳）『コバニ・コーリング』花伝社、二〇二〇年がある。映画では、ドキュメンタリーに『ラッカは静かに虐殺されている』、劇映画でも『ラジオ・コバニ』や『フォートレス・ダウン』、『バハールの涙』は比較的見る環境は整いやすい。またロジャヴァ・フィルム・コミューンというロジャヴァ関連の団体があり、二〇二三年のドクメンタという世界でも有数の美術展覧会で、

作品を上映していた。YouTube のチャンネルもあるのでぜひ見てみてほしい（https://www.youtube.com/channel/UCsn_WYoA_6hG8Mr3RsG1gaA）。

＊102 この点についてはMurray Bookchin, *Social Anarchism or Lifestyle Anarchism, An Unbridgeable Chasm*, AK Press, 1995 を参照されたい。とりわけ、ブクチンが批判の対象としていたのは、ハキム・ベイのある種の神秘主義やオカルティズムである。この点に関しては、ハキム・ベイからの応答は公的には存在していないと思われる。

＊103 Murray Bookchin, 'The Meaning of Confederalism' (https://theanarchistlibrary.org/library/murray-bookchin-the-meaning-of-confederalism)

＊104 Abdullah Öcalan, *Democratic Confederalism*, Transmedia Publishing Ltd, 2011, p.26.

＊105 ミヒャエル・クナップほか（山梨彰訳）『女たちの中東　ロジャヴァの革命　民主的自治とジェンダーの平等』青土社、二〇二〇年、一五四頁以下参照。またオジャランの議論としては Abdullah Öcalan, *The Political Thought of Abdullah Öcalan*, Pluto Press, 2017. も参照されたい。

＊106 Strangers In a Tangled Wilderness, *A Small Key Can Open a Large Door: The Rojava Revolution* (https://theanarchistlibrary.org/library/strangers-in-a-tangled-wilderness-a-small-key-can-open-a-large-door) 二〇二三年六月五日閲覧。

＊107 Abdullah Öcalan, *The Political Thought of Abdullah Öcalan*, Pluto Press, 2017., p.26.

＊108 ミヒャエル・クナップほか（山梨彰訳）『女たちの中東　ロジャヴァの革命　民主的自治とジェンダーの平等』青土社、二〇二〇年、二二四〜二二五頁。

＊109 Murray Bookchin, *Post-Scarcity Anarchism*, AK Press, 2004, p.xii.

＊110 ミヒャエル・クナップほか（山梨彰訳）『女たちの中東　ロジャヴァの革命　民主的自治とジェンダーの平等』

青土社、二〇二〇年、三二〇頁以下参照されたい。

＊111　石坂匡身・大串和紀・中道宏『人新世（アントロポセン）の地球環境と農業』農山漁村文化協会、二〇二〇年やクリストフ・ボヌイユ、ジャン＝バティスト・フレソズ（野坂しおり訳）『人新世とは何か』青土社、二〇一八年など参照されたい。この間、ようやく人新世の議論も日本で導入されるようになったが、どうなることやら……。

＊112　二〇一九年二月に筆者がハンブルクで、YPG戦士として戦っていたA氏への聞き取りによる。

＊113　David Graeber - Syria, Anarchism and Visiting Rojava (https://www.youtube.com/watch?v=gqfoJvD0Ifg) 二〇二三年六月五日閲覧。

＊114　デヴィッド・グレーバー「序文」、ミヒャエル・クナップほか（山梨彰訳）『女たちの中東　ロジャヴァの革命　民主的自治とジェンダーの平等』青土社、二〇二〇年、一八頁。原書は以下である。また地の文との都合上、原文から訳した。Michael Knapp, Anja Flach and Ercan Ayboga (Translated by Janet Biehl), *Revolution in Rojava: Democratic Autonomy and Women's Liberation in Syrian Kurdistan*, Pluto Press, 2016, p.xv.

＊115　以下では「すべてがとても壊れやすく見え、同時にとても力強く見えています：シアトル自治区についてのインタビュー」（五井健太郎訳）『ブラック・ライヴズ・マター：黒人たちの叛乱は何を問うのか』河出書房新社、二〇二〇年、一七八〜一八七頁を参照した。

＊116　廣瀬純・小泉義之「いよいよ面白くなってきた：アンダークラスの視座から撃て」『人民新聞オンライン』(http://jimmin.com/legacy/htmldoc/157001.htm) 二〇二三年六月五日閲覧。

＊117　ミシェル・フーコー（石田英敬ほか訳）『社会は防衛しなければならない』筑摩書房、二〇〇七年、一九頁以下参照。

＊118 レベッカ・ソルニット（高月園子訳）『災害ユートピア』亜紀書房、二〇一〇年、三二一頁以下参照。
＊119 同前、三二三頁。
＊120 同前、三七二頁。
＊121 同前、四〇〇頁。
＊122 同前。
＊123 同前、四〇九頁。
＊124 同前、四一一～四一二頁。
＊125 David Graeber, *Revolutions in Reverse*, Minor Compositions, 2011, pp.77ff.
＊126 Ibid, p.77.
＊127 Ibid, p.78.
＊128 エドワード・P・トムスン（市橋秀夫ほか訳）『イングランド労働者階級の形成』青弓社、二〇〇三年、七六頁。
＊129 同前、八四～八五頁。
＊130 Taliq Ali, *The Extreme Centre A Second Warning*, Verso, 2018 参照。イギリスやスコットランド、フランスやアメリカなどの事例を豊富に扱っている。たとえば、左派であったはずの労働党のブレアが「第三の道」を提唱し、事実上ネオリベ政策に舵を切ったりすることで、「左派でもなく、右派でもない」という言明から資本主義やネオリベを推進させていく立場がエキセン現象である。日本の政党も、たとえば自民党も共産党も天皇にかしずく時点で、エキセン現象があると言える。
＊131 David Graeber, *Revolutions in Reverse*, Minor Compositions, 2011, pp.14ff.
＊132 この点について論じたものに、森元斎「抵抗とは生である」『群像』講談社、76(2)、2021、pp.309-319.
＊133 ジル・ドゥルーズ、フェリックス・ガタリ（宇野邦一ほか訳）『千のプラトー』（上）河出文庫、二九頁以下参照。

＊134 ピエール・クラストル（毬藻充訳）『暴力の考古学』現代企画室、二〇〇三年を参照されたい。

＊135 リュシアン・クレルク（櫻井典夫訳）「怒りの日：人類学と許しえぬもの」『層：映像と表現』3,4-18, 2010, p.8。

＊136 ピエール・クラストル（毬藻充訳）『暴力の考古学』現代企画室、二〇〇三年、一〇五〜一〇六頁。

＊137 同前、一一二頁。

＊138 ミゲル・アバンスールがこうしたクラストルの立場を要約して「反ホッブズ」(contre Hobbes) と述べている。Miguel Abensour, "Le Contre Hobbes de Pierre Clastres," *L'esprit des lois sauvages. Pierre Clastres ou une nouvelle anthropologie politique*, Seuil, 1987, pp.115-144 を参照。

＊139 デヴィッド・グレーバー（高祖岩三郎訳・構成）『資本主義後の世界のために　新しいアナーキズムの視座』以文社、二〇〇九年、五〇〜五一頁。

＊140 デヴィッド・グレーバー（高祖岩三郎訳）『アナーキスト人類学のための断章』以文社、二〇〇六年、一四六頁。

＊141 同前、八六頁。

＊142 同前、一九頁。

＊143 カール・マルクス（望月清司訳）『ゴータ綱領批判』岩波文庫、一九七五年、三八〜三九頁。

＊144 E. P. Thompson, "Time, Work-Discipline, and Industrial Capitalism", *The Past and Present Society*, No. 38 (Dec., 1967), pp.56-97. がおもしろい。資本主義が展開するようになっていったのは、まさに「時計」の使用と軌を一にするということを明らかにした論文である。一時間何百円という仕方で働くスタイルはまさに資本主義的であり、人間の長い歴史を考えると、そのような労働スタイルはほんのわずかな期間でしかないし、なるべくそんな風に働きたくないものである。もう一方のヤシの実の話は、マーシャル・サーリンズ『石器時代の経済学』法政大学出版局、二〇一二年の「始原のあふれる社会」や、サーリンズの弟子であるグレーバー（酒井隆史ほか訳）『負債論』以文社、二〇一六年のオチの話である。

＊145　Food and Agriculture Organization of the United Nations, *CROP PROSPECTS and FOOD SITUATION, Quarterly Global Report* No.2 July 2023. (https://www.fao.org/3/cc6806en/cc6806en.pdf) を参照（二〇二三年六月五日閲覧）。ＦＡＯによれば、世界の穀物生産量は二八億トンあり、これに加え備蓄もあるため、食糧は世界中の人々が十分に暮らしていけるだけある。

＊146　デヴィッド・グレーバー（酒井隆史ほか訳）『負債論』以文社、二〇一六年、一四六頁。

＊147　同前、一四六〜一四七頁。

＊148　ジル・ドゥルーズ、フェリックス・ガタリ（宇野邦一訳）『アンチ・オイディプス　資本主義と分裂症』（上）河出文庫、二〇〇六年、二二三頁。

図版出典
1-7　Histories of Violence, CC BY 3.0
〈https://creativecommons.org/licenses/by/3.0〉, via Wikimedia Commons
1-10　Guido van Nispen from amsterdam, the netherlands, CC BY 2.0
〈https://creativecommons.org/licenses/by/2.0〉, via Wikimedia Commons
1-12　©John Mathew Smith 2001
2-3　Biblioteca del Congreso Nacional de Chile, CC BY 3.0 CL
〈https://creativecommons.org/licenses/by/3.0/cl/deed.en〉,
via Wikimedia Commons
2-4　Ministerio de Relaciones Exteriores de Chile., CC BY 2.0 CL
〈https://creativecommons.org/licenses/by/2.0/cl/deed.en〉,
via Wikimedia Commons
3-6　Julian Stallabrass from London, UK, CC BY 2.0
〈https://creativecommons.org/licenses/by/2.0〉, via Wikimedia Commons
3-7　Orianomada, CC BY-SA 3.0〈http://creativecommons.org/licenses/by-sa/3.0/〉, via Wikimedia Commons
3-8　Kurdishstruggle, CC BY 2.0〈https://creativecommons.org/licenses/by/2.0〉, via Wikimedia Commons
3-9　Halil Uysal, CC BY-SA 3.0〈https://creativecommons.org/licenses/by-sa/3.0〉, via Wikimedia Commons
3-12　Kurdishstruggle, CC BY 2.0〈https://creativecommons.org/licenses/by/2.0〉, via Wikimedia Commons
3-13　Ochlo, CC BY-SA 4.0〈https://creativecommons.org/licenses/by-sa/4.0〉, via Wikimedia Commons

図表　田中えりな
1-1, 1-3, 1-5, 1-8, 1-9, 1-11, 2-1, 3-5, 3-10, 4-2

下記はいずれもパブリックドメイン
1-2, 1-4, 1-6, 1-13, 1-14, 1-15, 2-2, 2-5, 2-6, 3-1, 3-2, 3-3, 3-4, 3-11, 4-1

森 元斎《もり もとなお》

一九八三年生まれ、東京都出身。長崎大学教員。専門は、哲学・思想史。博士（人間科学）。中央大学文学部哲学科卒業、大阪大学大学院人間科学研究科修了。日本学術振興会特別研究員、パリ第十大学研究員などを経て、二〇一九年より現職。現代思想やアナキズムに関する思想の研究をおこなっている。著書に『具体性の哲学』（以文社）、『アナキズム入門』（ちくま新書）、『国道3号線』（共和国）、『もう革命しかないもんね』（晶文社）など。

インターナショナル新書一三六

死《し》なないための暴力論《ぼうりょくろん》

二〇二四年二月一二日 第一刷発行

著者 森 元斎《もり もとなお》
発行者 岩瀬 朗
発行所 株式会社 集英社インターナショナル
〒一〇一-〇〇六四 東京都千代田区神田猿楽町一-五-一八
電話 〇三-五二一一-二六三〇
発売所 株式会社 集英社
〒一〇一-八〇五〇 東京都千代田区一ツ橋二-五-一〇
電話 〇三-三二三〇-六〇八〇（読者係）
〇三-三二三〇-六三九三（販売部）書店専用
装幀 アルビレオ
印刷所 大日本印刷株式会社
製本所 加藤製本株式会社

 ISBN978-4-7976-8136-9 C0230

インターナショナル新書

124
教養としての「病」
佐藤優
片岡浩史

週に三度の透析、前立腺癌、冠動脈狭窄と、立て続けに襲ってくる病魔と闘い続ける「知の巨人」が考える患者学とは？　京大法学部卒業という異色のキャリアを持つ担当医（東京女子医大病院 腎臓内科）との対話。

125
50歳からの学び直し入門
週刊東洋経済編集部 編

定年消滅時代、今後も長く働き続けることが求められる40～50代。そのために必要なのは、「リスキリング」か「リカレント」か？　『週刊東洋経済』の特集「学び直し全ガイド」（22年10月22日号）を新書化。

126
プーチンの復讐と第三次世界大戦序曲
舛添要一

ロシアのウクライナ侵攻により、核兵器使用の脅威が高まっている。果たして、第三次世界大戦は起こってしまうのか。プーチンという政治家の作法、さらにウクライナ戦争の背景が理解できる決定版の一冊。

127
未来を語る人
ジャレド・ダイアモンドほか
大野和基・編

地球温暖化、感染爆発、国際紛争、そして格差拡大…。世界を覆う難題を解決するのは、資本主義の大改革か、新たなコミュニズムか。いま世界で最も注目されている8人の学者に、資本主義の行方と日本の進路を訊く。

インターナショナル新書

128
全国水害地名をゆく
谷川彰英

近年増加している集中豪雨や台風による被害。そこで地名ハンターの著者が、水にちなむ全国の地名を現地調査。水と闘い、共生してきた人々のエピソードを交えながら、その地名の本当の由来や変遷を探る。

129
消齢化社会
年齢による違いが消えていく！
生き方、社会、ビジネスの未来予測
博報堂生活総合研究所

注目ワード〝消齢化〟を、博報堂生活総研30年のデータで読み解く！　年齢による価値観や嗜好の違いが小さくなっていく社会＝「消齢化社会」の実像と未来予測。ビジネスはどう変わる？　発想転換のヒントが満載。

130
ビジネス教養としての
最新科学トピックス
茜 灯里

宇宙視点のＳＤＧｓ、新型コロナのまとめと展望、ChatGPTの危険性など「高い専門性」と「ニュース性」を併せ持つテーマ29本を収録。ニューズウィーク日本版ＷＥＢサイト連載「サイエンス・ナビゲーター」を書籍化。

131
負ける力
東尾 修

勝利の裏には、必ず負けがある。ライオンズ一筋で20年間プレーし、通算２５１勝２４７敗23セーブの成績を残した東尾修が、野球人生でつかんだ「負けから這い上がるための心構え」を説く。

インターナショナル新書

132
人物から読む
幕末史の最前線
町田明広
人が分かれば、幕末がわかる！ 徳川慶喜、ペリー、渋沢栄一……歴史に名を遺した二人は、何を決断し、どのように生きたのか。当時の政治状況とともに彼らの生き様を見直すと、立体的に幕末史が見えてくる。

133
昆虫カメラマン、秘境食を味わう
人は何を食べてきたか
山口 進
「ジャポニカ学習帳」を彩る昆虫や植物の写真で知られるカメラマン・山口進。撮影の先々での多様なエピソードが、その土地特有の思いがけない食文化に結びついていく。季刊誌「ｋｏｔｏｂａ」の連載を新書化。

134
罰ゲーム化する管理職
バグだらけの職場の修正法
小林祐児
高い自殺率、縮む給与差、育たぬ後任、辞めていく女性と若手――。社会問題ともいえる日本の管理職の異常な「罰ゲーム化」を、国際比較を含む多数のデータで分析。背景と原因を描き出し、解決策を提案する。

135
寄り添う言葉
永田和宏、小池真理子、垣添忠生、小池光、徳永進
天才歌人であり妻の河野裕子を亡くした永田和宏が、同じく伴侶を喪った人や多くの患者を看取ってきた医師と本音で語りあう魂の対談集。後悔や悲しみを抱えているすべての人に贈る一冊。